L'amour est la solution

Swamini Krishnamrita Prana

M.A. Center, P.O. Box 613,
San Ramon, CA 94583, États-Unis

L'amour est la solution
Swamini Krishnamrita Prana

Publié par :
Mata Amritanandamayi Center
P.O. Box 613
San Ramon, CA 94583
États-Unis

———————— *Love is the Answer (French)* ————————

Première édition : avril 2016

En France :
   www.ammafrance.org

En Inde :
   inform@amritapuri.org
   www.amritapuri.org

Table des Matières

« Le sujet que nous aborderons ce soir, c'est l'amour, et nous en traiterons aussi demain soir. En réalité, je n'en connais pas de meilleur ; nous pouvons en parler jusqu'à la fin de nos jours. »

— Hafiz

Chapitre 1

L'incarnation de l'amour pur

« Quand vous verrez à quel point tout est parfait, vous n'aurez plus qu'à rejeter la tête en arrière et à rire en regardant le ciel. »

— Bouddha

Amma nous conseille souvent de ne pas dire « je t'aime », mais plutôt « je suis amour » ; c'est un élément fondamental de son enseignement. Mais que signifie vraiment, *être* amour ? Les mots échouent à définir le concept d'amour ; mais il est possible d'en faire l'expérience directe en laissant l'innocence et la compassion emplir notre cœur. C'est en observant Amma avec humilité, le cœur ouvert, que nous deviendrons réceptifs à cette partie essentielle de son enseignement.

Quand notre cœur est rempli d'amour pur, l'expérience de la séparation n'existe plus ; la pluralité disparaît et se transforme en un seul tout unifié. Cette expérience de l'amour, c'est ce que nous recherchons tous. L'amour est cependant plus proche qu'on ne le croit ; il attend patiemment que nous le découvrions à l'intérieur de nous-mêmes. Le but de l'existence est de nous transformer en êtres d'amour, mais nous consacrons souvent tant de temps à rechercher l'amour à l'extérieur, à courir après tout le reste, que nous passons à côté du bonheur ultime : l'amour. Amma nous invite au contraire, en nous libérant de nos tendances négatives, à nous unir à l'amour pur qui est là tout proche, au fond de notre cœur. En théorie, cela paraît très simple, mais c'est extrêmement difficile à mettre en pratique.

Amma ressemble à une rivière, débordante de bonté. Sa grandeur ne tient pas seulement à l'état ultime de réalisation divine dans lequel elle vit, mais à sa capacité d'aller bien au-delà, en incarnant tous les jours la compassion inconditionnelle. Elle exprime naturellement ce qui est l'essence même de la mère : l'amour.

Je me souviens qu'un jour dans la voiture, Amma s'est tournée vers moi sans raison pour me caresser l'épaule avec une grande affection, comme pour signifier : « Je veux juste que tu saches que je t'aime. » Parfois, elle ne peut tout simplement pas s'empêcher d'exprimer la douceur qu'elle sent déborder en elle. Une autre fois, elle me fit appeler, me parla un peu, puis au bout d'un petit moment, me dit : « Tu peux repartir maintenant ; je ne t'avais pas vue depuis quelques jours et je voulais juste voir ton visage. » Le désir d'Amma, c'est de rendre tout le monde heureux. Sachant cela, je n'ai jamais voulu réclamer son attention, car je sais qu'elle me donnera tout ce dont j'ai réellement besoin.

Quand, jouant le rôle d'un catalyseur, l'amour emplit notre cœur, il déborde de compassion. J'avais entendu plusieurs fois Amma déclarer : « Ma voie n'est pas celle de la libération (*moksha*), mais celle de l'amour et du service au monde. »

Au début, cela m'a plongée dans la confusion et j'ai pensé : « Comment pourrais-je répéter cela à quelqu'un ? Tout le monde pense que *moksha* est le but de la vie et les gens seraient très déçus d'entendre Amma parler ainsi. » Puis un jour, j'ai entendu Amma ajouter :

« La voie monastique des *sannyasins* est d'oublier leur propre libération ; ils doivent être prêts à descendre en enfer, sans aucun souci d'eux-mêmes, pour que les autres s'élèvent. » C'est alors que j'ai compris qu'elle parlait du plus grand idéal que nous puissions atteindre : la compassion en action.

Il ne s'agit pas d'effectuer des pratiques spirituelles dans le but d'obtenir sa propre délivrance, mais plutôt pour apprendre à aimer et à servir le monde, car c'est la voie suprême. Au lieu de prier Dieu en lui demandant, « Délivre-moi de cela », demandons-lui, « Aide-moi à accepter la volonté divine et à servir le monde. »

La compassion est notre vraie nature. Malheureusement, chez la plupart des gens, elle est bien cachée à l'intérieur, en hibernation et hors de portée, recouverte par toutes sortes d'éléments grossiers. Si nous voulons éveiller en nous la vraie nature de l'amour, le but de notre vie ne doit pas être seulement d'acquérir, mais aussi d'apprendre à donner, en éprouvant de la compassion pour les autres chaque fois que c'est possible au lieu de nous concentrer sur la satisfaction de nos désirs. Si nous voulons devenir des êtres évolués, apprenons à comprendre les autres et à éprouver de la compassion pour eux, puis aidons-les selon nos capacités. Toute la philosophie d'Amma est fondée sur la compassion. Elle pratique l'amour et la compassion envers tous, et nous enseigne ces deux sujets au quotidien, en nous montrant personnellement l'exemple.

Personne n'imagine à quel point Amma désire sincèrement nous rendre tous heureux. Son but est de mettre fin aux tourments de ceux qui souffrent, et chacune de ses actions est un réel *seva*, un service motivé uniquement par la compassion.

Amma vit d'une manière extrêmement austère, mais la source de cette austérité est l'amour. Elle fait toujours passer les besoins des autres avant les siens. Elle ne mange jamais avant d'avoir donné entièrement de sa personne et servi les autres. Contrairement à la majorité des gens qui prennent deux ou trois repas par jour, Amma ne mange qu'une seule fois, ou parfois pas du tout. Elle ne prend aucun petit-déjeuner avant de commencer à donner le *darshan* vers dix ou onze heures du matin (*darshan* est un terme traditionnel qui signifie « vision » d'un saint, mais dans le cas d'Amma, la bénédiction se fait en prenant les gens dans ses bras). Elle jeûne toute la journée et toute la nuit, et ne prend son repas que lorsqu'elle revient dans sa chambre après avoir fini de donner le darshan. Si elle est à l'ashram, c'est très souvent après minuit, et quand elle voyage, encore plus tard, puisque le darshan finit habituellement vers trois ou quatre heures du matin, ou parfois plus tard. Même alors, Amma jeûne.

De même, Amma dort rarement plus de quelques heures par nuit, et bien souvent, elle ne dort pas du tout. Elle consacre tout son temps au service d'autrui, qu'il s'agisse d'étreindre les gens, de lire les centaines de lettres qu'elle reçoit tous les jours, de diriger personnellement ses innombrables œuvres caritatives, ainsi que les hôpitaux, orphelinats et écoles qu'elle a fondés, ou de donner des conseils à ses dévots et de répondre à leurs questions. Amma a écouté littéralement des millions de gens lui exposer leurs problèmes, elle se rend disponible pour tous afin de les aider. Elle a toujours suivi cette voie *dharmique* (juste, intègre) du sacrifice et du service inspirés par l'amour. C'est ainsi qu'elle vit : uniquement en donnant.

Amma vénère tous ceux qui viennent à elle, et non l'inverse. Certains ont fait l'erreur de croire qu'Amma voulait être honorée, mais cette idée est bien éloignée de la vérité, et quand on réfléchit à sa façon de vivre, elle est presque risible. Tous les jours, pendant de très longues heures, elle fait un sacrifice extrême en se tenant à la disposition du public, sans tenir compte de son propre état.

Chaque jour, et jusque tard dans la nuit, sans s'interrompre ni pour se restaurer ni pour aller aux toilettes, Amma se laisse toucher, parfois rudement, par des foules entières. Ce traitement serait une horrible punition pour la plupart d'entre nous et nous sombrerions dans la folie si nous étions forcés d'écouter des centaines de fois par jour les mêmes plaintes, questions et demandes, comme Amma le fait. Mais depuis quarante-cinq ans Amma s'offre ainsi dans la joie et l'amour à tous ceux qui l'approchent, sans jamais s'arrêter.

Amma nous montre ce qu'est la véritable vénération ; c'est en nous tous qu'elle voit le Divin et qu'elle honore Dieu par le service, la compassion et l'empathie. C'est l'amour le plus pur et le plus authentique qui la pousse à se donner constamment et à accomplir des actions surhumaines.

Il est impossible de trouver aujourd'hui un *Mahatma* (littéralement, grande âme, Saint) comparable à Amma. Et personne, dans l'histoire, n'a jamais donné autant d'amour, de grâce et de compassion. Elle concentre en un seul corps toute l'essence du Divin. Nous pourrions chercher longtemps avant de trouver un maître qui ait jamais prodigué autant de sagesse, de joie et de rire.

Amma montre au monde les résultats que l'on obtient une fois que le Divin est installé dans le cœur. Elle nous dit : « L'amour est à l'intérieur de vous ; il suffit de changer d'attitude pour le trouver. Vous n'êtes pas des lampadaires, mais de vrais transformateurs capables de générer une énergie gigantesque. Vous n'êtes pas une bougie qu'il faut allumer, mais vous avez tous à l'intérieur un soleil qui est sa propre source de lumière. »

Constamment, Amma nous rappelle que nous aussi avons en nous l'étincelle divine de l'amour pur, prête à briller et à nous transformer. Il nous suffit de continuer à souffler dessus, jusqu'à ce qu'elle devienne un feu immense qui détruira nos tendances négatives et brillera pour le monde.

Chapitre 2

Une culture fondée sur l'altruisme

« L'important, ce ne sont pas les grandes actions, mais le grand amour. La sainteté est l'affaire du quotidien. »

Sainte Thérèse de Lisieux

Amma affirme parfois que sa mère a été son *guru*. Elle nous raconte souvent que sa mère était l'exemple même des valeurs traditionnelles que sont l'amour et le service : « Moi je vous dis que vous devriez aimer les autres comme vous-mêmes, mais Damayanti Amma, elle, le montrait par ses actes. »

Quand Amma était enfant, les gens de son village avaient coutume de partager le feu allumé dans l'une des maisons. Ils n'utilisaient pas d'allumettes ou de lampes, mais ils allaient chercher le feu chez les voisins et le ramenaient chez eux dans une coque de noix de coco contenant de l'huile et une mèche. Selon cette coutume, la mère d'Amma lui enseigna qu'elle devait toujours observer si les habitants de la maison avaient besoin d'aide ; si elle voyait chez eux de la vaisselle sale, elle devait la laver, ou balayer le sol, ou trouver d'autres manières de les aider. Ensuite, elle pouvait repartir avec le feu, mais pas avant.

Sa mère était l'exemple vivant des valeurs qui régnaient dans le village et sur lesquelles elle fondait l'éducation d'Amma.

Dans le village d'Amma, les revenus provenaient de la pêche. La structure économique n'était pas fondée sur un système d'employeurs et d'employés, mais sur l'entre-aide, le soutien communautaire et le partage entre habitants. Chacun prenait soin des autres, même si c'était aux dépens de ses revenus et profits personnels, et la coopération était toujours privilégiée sur la compétition. Dans l'enfance d'Amma, les notions de travail et d'argent étaient vécues de façon beaucoup plus communautaires qu'aujourd'hui.

Dans ce village, la plupart des hommes exerçaient le métier de pêcheur. Lorsqu'ils revenaient de la pêche, ils vendaient leur poisson et donnaient immédiatement soixante-quinze pour-cent des revenus ainsi obtenus à tous ceux qui les avaient aidés, en le distribuant à égalité. Puis ils mettaient de côté un peu d'argent pour les personnes âgées et les veuves du village qui ne pouvaient pas subvenir à leurs propres besoins. Ainsi les pauvres n'avaient jamais rien à demander car ils recevaient toujours assez pour subsister. Enfin, les piécettes étaient distribuées aux enfants pour qu'ils s'achètent des bonbons.

Toute la vie du village était fondée sur le partage. Les jours où le père d'Amma ne ramenait rien de la pêche, sa mère mettait quand même de côté une assiette de nourriture pour les voisins, au cas où ils n'auraient rien eu à manger. La famille d'Amma partageait le peu qu'elle avait afin de s'assurer que les enfants des voisins ne souffraient pas de la faim.

Dans le village, la coutume voulait que l'on offre à manger aux visiteurs. C'est pourquoi les villageois n'allaient jamais chez quelqu'un avant de s'être assurés que tous les membres de la famille visitée avaient mangé. Ils savaient qu'on insisterait toujours pour leur offrir de la nourriture, et si la famille était pauvre, ils ne voulaient pas que quelqu'un ait faim à cause d'eux. Les villageois pensaient toujours aux autres avant de penser à eux-mêmes car ils avaient appris à vivre en s'entre-aidant. Amma raconte qu'à cette époque, la cohésion de la famille et de la communauté était assurée par la qualité de l'amour mutuel entre leurs membres.

À l'occasion des mariages et des fêtes, il n'était pas rare que les gens prêtent leurs plus beaux habits. S'il y avait un mariage dans une famille, tous les voisins se cotisaient et offraient de l'argent pour l'aider. Les dons étaient enregistrés sur un cahier, et les faveurs étaient rendues à une date ultérieure. Les gens vivaient ainsi dans le moment présent, sans penser à accumuler de richesses. Vivant au jour le jour, les villageois n'avaient pas besoin de faire des économies pour le futur ni d'avoir un compte en banque. Et le système fonctionnait bien puisque chacun était prêt à prendre soin d'autrui.

Quand Amma était jeune, sa famille et toute la communauté villageoise qui l'entourait, offraient l'exemple d'un amour sincère, qui venait du cœur. L'enfance d'Amma baigna dans la simplicité et l'innocence. Quand les enfants du village jouaient ensemble, tout le monde s'occupait d'eux. Il ne serait jamais venu à l'idée de personne de penser comme aujourd'hui : « ceux-ci sont mes enfants et relèvent de ma responsabilité, et ceux-là sont les vôtres dont vous devez vous occuper ». Les enfants étaient nourris et pris en charge par n'importe quel adulte du village. Les frères et sœurs d'Amma, tous les enfants du village, couraient et jouaient ensemble, grimpaient dans les manguiers et nageaient dans le bras d'eau qui longe le village. C'était une fête permanente, tous les jours de l'année, tant la proximité entre les membres de la famille d'Amma et les villageois était grande.

Bien sûr, il n'y avait pas grand-chose en termes de prospérité matérielle, mais l'amour était une richesse toujours disponible. Enfant, Amma ne recevait que deux tenues par an : l'une pour le festival d'Onam, et l'autre à la rentrée scolaire. Elle n'avait que ces deux tenues ; il fallait qu'elle les fasse durer toute l'année.

C'est pourquoi récemment, Amma s'est entretenue avec un jeune garçon qui se tenait à côté d'elle pendant le *darshan* et lui a donné un *satsang* (enseignement spirituel) sur la pauvreté. Elle a insisté sur le fait que bien qu'il vive en Inde, il n'a aucune idée de la façon dont beaucoup de gens luttent pour survivre car lui-même vit dans le luxe. Amma a continué sur ce thème, en lui disant que lorsqu'elle était enfant, elle n'avait pas de jouets, mais qu'elle avait des amis. Lui, par contre, a beaucoup de jouets, mais a-t-il de vrais amis ? Une autre fois, en voyant des enfants jouer sur le sable, Amma a remarqué avec tristesse, « Autrefois, les enfants avaient beaucoup plus d'innocence. Maintenant, à la place, ils ont de petites maisons où ils jouent. »

Amma loue toujours les efforts des mères qui transmettent à leurs enfants le *samskara* (culture) de l'altruisme, car ce faisant, elles instillent des valeurs dans leur famille et leur communauté. Ces valeurs contribueront à construire un avenir meilleur. Cette précieuse culture fait souvent défaut aux générations actuelles car contrairement à Amma, qui a reçu ce *samskara* de sa famille, personne ne la leur transmet.

Chapitre 3

L'amour guérit toutes les blessures

« *En fin de compte, rien de ce que nous avons fait ou dit dans cette vie ne comptera autant que la façon dont nous nous serons aimés les uns les autres.* »

Daphnée Rose Kingman

Au début, après avoir rencontré Amma, je pensais que nous devions apprendre d'elle de grandes qualités comme le détachement intérieur et le renoncement. Les questions que je lui posais lorsque nous avions l'occasion de discuter avec elle allaient toutes dans ce sens. Mais Amma recentrait toujours mes efforts vers l'amour. Ce n'est pourtant pas un sujet auquel je pensais souvent à l'époque, car je me jugeais prête à aborder enfin une « vraie » vie spirituelle dont le but devait être plus élevé que l'amour. Amma me répétait pourtant sans cesse que le pouvoir de l'amour est la force suprême en ce monde. Avec l'amour, disait-elle, tout est possible, et c'est l'amour qui guérira toutes les blessures du monde.

A la base des plus grandes réussites humaines, on trouve toujours des gens inspirés par l'amour, le dévouement, et qui agissent avec une très bonne attitude. Lorsqu'un enfant est malade et doit être hospitalisé, ses parents trouvent toujours la force de rester des jours et des nuits entières à le veiller, car l'amour les aide à repousser les limites physiques de leur corps. L'amour nous donne la force de surmonter n'importe quelle difficulté, n'importe quel obstacle. Si nous arrivons à faire éclore en nous le véritable amour, nous prendrons conscience que rien ne nous est impossible.

Il y a en Suisse un jeune enfant trisomique qui assiste aux programmes d'Amma. Quand il était tout petit, Amma était la seule personne qu'il appelait « Mama ». Il ne donnait jamais ce nom à sa mère biologique. Maintenant qu'il est un peu plus grand et qu'il marche, il vient souvent s'asseoir sur le *peetham* à côté d'Amma pour la méditation (le *peetham* est une plate-forme surélevée sur laquelle le guru s'assied). Quand son père vient le chercher au début du darshan, je demande habituellement à l'enfant s'il veut aller avec « Papa ou Amma ? ». Il choisit toujours de rester avec Amma, et après m'avoir répondu, il part en courant vers le fauteuil où Amma donne le darshan.

Après le darshan, Amma l'emmène souvent passer un petit moment avec elle dans sa chambre. Elle le porte dans ses bras jusqu'en haut des escaliers bien qu'il soit incroyablement lourd. Bien sûr, j'essaie de l'aider en la soulageant d'une partie du poids, mais Amma insiste toujours pour le porter elle-même, en disant : « Il n'est pas si lourd que ça. Il ne pèse presque rien. »

Alors je proteste: « Amma, il est vraiment très lourd ! »

Mais Amma me contredit : «Non, il n'est pas lourd ! »

C'est ainsi qu'Amma perçoit cet enfant, car grâce à l'amour, tout nous paraît léger.

Une jeune fille me confiait récemment son inquiétude devant la taille de son ego ; il était tellement imposant, disait-elle, qu'elle pouvait à peine rentrer dans la même pièce que lui. « Avec tant de défauts, comment vais-je pouvoir réaliser le Divin ? » se disait-elle. Je lui ai répondu qu'en vérité, quelle que soit la dimension de notre ego ou l'instabilité de notre mental, l'amour d'Amma est bien plus fort et plus puissant. Il n'y a pas à se faire de souci ; Amma se chargera de les vaincre. Son amour s'infiltrera en nous et guérira toutes nos blessures.

En regardant Amma agir, nous voyons bien que son amour guérit les blessures les plus diverses et les plus profondes. L'amour est le médicament le plus puissant qui existe – mais pour guérir, il faut accepter de prendre ce traitement avec régularité et sur une longue période, comme si nous étions sous perfusion. Bien que la lenteur du processus puisse parfois nous inquiéter, rappelons-nous dans ces moments-là qu'il n'y a absolument aucun doute à avoir : l'amour a vraiment le pouvoir de détruire l'ego. La toute-puissance de l'amour ne signifie pas qu'Amma va guérir toutes nos maladies, ni qu'elle va toujours nous donner ce que nous désirons. Mais si nous avons confiance en sa grâce, elle fera en sorte que notre cœur s'ouvre, que nous découvrions l'amour qui y est caché. La puissance d'un mahatma est supérieure à celle de l'ego.

Voici l'expérience d'une disciple d'Amma, chez qui les médecins ont récemment diagnostiqué un cancer en phase terminale. Pour elle, la grâce et l'amour d'Amma ont transformé un processus habituellement terrifiant, celui de l'approche de la mort, en une belle expérience de libération et de célébration de la vie. Je l'ai encouragée à mettre par écrit ce qu'elle ressentait, car son témoignage a inspiré beaucoup de gens à Amritapuri (l'ashram d'Amma en Inde) et je voulais l'inclure ici :

> « C'est ce diagnostic de maladie mortelle qui m'a permis de comprendre qu'Amma, par ses enseignements, sa présence, et l'amour qu'elle me donne avec patience et constance, me fournissait les outils dont j'avais besoin pour explorer plus avant la vérité, qui est une et immuable. J'ai cessé de me faire constamment du souci pour devenir plus consciente dans le moment présent.

Après ce diagnostic, les enseignements d'Amma ont pris une dimension nouvelle ; ils sont entrés dans mon cœur et y sont devenus une pratique quotidienne au lieu de rester un exercice intellectuel abstrait. J'ai maintenant le cœur rempli de silence et de paix ; c'est la première fois que je ressens la présence en moi du vrai Soi. Quand j'ai reçu ce diagnostic, un ami m'a dit : « C'est un grand cadeau, une grâce, de savoir quand on va mourir. » C'est vraiment ce que je ressens, et je remercie Amma de m'aider à explorer ainsi ma vraie nature.

Pendant des années j'ai eu l'impression d'avoir un grand trou noir rempli de colère au niveau du foie ; je n'ai donc éprouvé aucune surprise en voyant les images du scanner qui confirmaient son existence. Après le diagnostic, j'ai passé une semaine entière en proie à une colère extrême. J'essayais de me raisonner en pensant à toutes les périodes où j'avais souffert de dépression et de colère sans savoir pourquoi, en me rappelant que la vie n'est en fait pas si merveilleuse que ça. Je me disais aussi que mes nombreuses années d'expérience comme infirmière auprès de personnes en fin de vie allaient aider mon cerveau à accepter mon nouvel état.

Puis, après les difficultés de la première semaine, j'ai finalement accepté le diagnostic. Et depuis, je n'ai pas eu un seul moment de colère, de dépression ou de peur. L'absence de ces émotions a été le premier signe de la grâce que j'ai reçue et j'en suis très reconnaissante. Un autre dévot d'Amma m'a rappelé : « La grâce est toujours là, elle coule en permanence ; il suffit de s'ouvrir à elle pour la recevoir. » Je m'en remets à Amma du fond du cœur ; j'accepte son amour infini et inconditionnel, et tout ce qui vient avec lui. Je trouve ce voyage passionnant, exaltant et très joyeux. »

L'amour peut résoudre tous les problèmes, même si, bien sûr, les solutions ne viennent pas forcément du jour au lendemain. C'est un processus qui nécessite parfois de longues années.

L'amour d'Amma agit comme un remède miracle dans certains cas, mais pas toujours ; pour guérir, nous devons nous impliquer et faire beaucoup d'efforts. C'est un gros travail de s'attaquer à ses tendances négatives pour rechercher l'amour qui est en soi.

Amma raconte souvent l'histoire de ce petit garçon qui, ayant vu que quelqu'un avait vomi par terre, s'est précipité pour nettoyer le sol alors que personne d'autre n'était prêt à le faire. La nuit suivante, Amma ne cessait de penser à lui. Pourtant, ce qu'il avait fait n'était pas si difficile. Il y a des gens qui, tous les jours, font du nettoyage pendant des heures entières autour d'Amma, mais pense-t-elle à eux quand elle est dans sa chambre ? Peut-être, peut-être pas. C'est l'attitude d'abnégation de ce garçon qui ramenait continuellement les pensées d'Amma vers lui.

J'ai moi-même essayé d'appliquer cette méthode, un jour où une petite fille avait vomi par terre pendant un programme d'Amma. Je me suis précipitée, accompagnée de la dame qui était avec moi ; nous étions toutes les deux déterminées à nettoyer le vomi. J'ai annoncé : « Je vais nettoyer. »

La dame s'est interposée : « Non, pas du tout, je tiens à le faire moi-même. »

Mais j'ai insisté : « Non, vraiment, je voudrais le faire. » Et nous nous sommes disputées ainsi pour savoir qui aurait la chance de démontrer son abnégation en nettoyant le vomi. Finalement, nous l'avons fièrement nettoyé ensemble, et tout en travaillant, nous nous sommes interrogées pour savoir où la mère de l'enfant avait bien pu passer. Nous sommes arrivées à la conclusion que c'est *elle* qui aurait dû vouloir à tout prix nettoyer le vomi ! Je doute fort que la grâce d'Amma se soit déversée sur nous en cette occasion, mais la scène était plutôt drôle.

Malgré toutes les erreurs que nous commettons, Amma attend patiemment que nous progressions, car elle sait que l'amour pur est la solution absolue à tous les problèmes. Inlassablement, elle offre son pardon, son amour, et nous montre l'exemple parfait, sans se soucier de ce que l'on peut penser ou dire d'elle. La réponse d'Amma a toujours été le pardon et l'amour, même envers les gens qui ont essayé de lui faire du mal.

Amma sait bien que ce monde manque cruellement d'amour. L'amour est notre raison d'être, mais rares sont les occasions d'en faire l'expérience. Amma voudrait que les gens ressentent tant d'amour qu'ils sautent de joie, c'est pourquoi elle consacre la totalité de son énergie et de sa vie à nous faire ressentir cet amour auquel nous aspirons.

Aucun mot ne peut décrire le sommet de l'existence humaine, cet état vers lequel Amma nous guide. C'est là qu'elle demeure, établie dans la béatitude, et pourtant elle est toujours prête à se sacrifier et à descendre à notre niveau pour nous aider à aller vers le sien.

Chapitre 4

Le papillon de la compassion

*« La sainteté n'est pas réservée aux saints ;
pratiquer la sainteté est la responsabilité de
tous. Nous sommes nés pour être saints. »*

Mère Térésa

Pendant de longues années, un météorologue et
mathématicien du nom d'Edward Lorenz essaya
de faire accepter son hypothèse scientifique à
ses collègues ; il avait déduit de ses observations
qu'une action aussi minime que le battement
d'ailes d'un papillon d'un côté de la planète
pouvait déclencher un gigantesque ouragan à
l'autre bout du globe.

Au départ, ses collègues refusaient d'accepter
la validité de sa théorie qui leur semblait sim-
pliste. Il fallut plus de trente ans pour qu'elle soit

enfin reconnue comme une loi scientifique. Elle est connue dans le monde entier sous le nom d' « effet-papillon ».

Si nous extrapolons cette théorie, imaginons les effets phénoménaux qu'un peu de gentillesse et de compassion distribuées autour de nous pourraient produire dans le monde ; leurs effets dépasseraient certainement toutes nos prévisions.

Je me souviens d'un matin, à Trivandrum, pendant une tournée d'Amma dans le sud de l'Inde, où nous avons reçu sur le programme la visite d'un grand papillon noir et blanc. Depuis la scène, je le regardais voleter de personne en personne et se poser sur chacun pendant quelques secondes. Il se posa sur la tête d'un monsieur, puis sur les lunettes d'un autre. Le monsieur aux lunettes semblait retenir sa respiration sous le coup du ravissement et de l'espoir, se demandant combien de temps le papillon resterait posé sur lui. Il donnait vraiment l'impression le considérer comme un signe de chance et de bénédiction. Tous les gens sur qui le papillon se posait sentaient la grâce qu'il leur apportait. Et tous ceux qui observaient cette scène éprouvaient comme une bénédiction d'en être témoins.

La vie d'un papillon est courte, mais merveilleuse. Partout où il va, la beauté de ses petits mouvements apporte la joie. Imaginez, si un minuscule papillon a le pouvoir d'illuminer notre vie par le simple battement de ses petites ailes, quelle capacité nous avons à l'échelle humaine de donner de la joie au monde. Inutile d'accomplir de grandes actions pour créer cet « effet-papillon ». N'importe quelle bonne action, aussi modeste soit-elle, peut déclencher une immense cascade de phénomènes. C'est dans cette optique qu'Amma agit, sa gentillesse allant au-delà de toutes les limites. Ses actions dépassent notre compréhension ; leurs effets se propagent sur toute la planète.

L'amour et les soins attentionnés qu'Amma prodigue à tous s'appliquent à bien des niveaux différents. Elle accorde une grande attention à tous les petits détails pratiques pour être sûre que les gens sont heureux et comprennent qu'elle prend soin d'eux. Lorsqu'elle arrive sur scène au début d'un programme, Amma vérifie toujours que la foule est installée aussi confortablement que possible. Si elle voit des gens debout, elle ordonne que l'on distribue des chaises supplémentaires, et si des panneaux bloquent la vue de certaines personnes, elle demande qu'on les enlève. Elle a institué un système de priorité pour recevoir plus rapidement les malades ou ceux qui ont des besoins spécifiques. Elle s'occupe constamment de ceux qui l'entourent. Aucun personnage public n'a jamais eu autant de considération pour le bien-être des autres, et si peu pour ses besoins personnels.

Le beau message qu'Amma s'efforce de nous enseigner à travers son souci des autres, c'est qu'il faut toujours penser aux autres avant de penser à soi. Si nous sommes attentifs aux messages subtils que contient chaque action d'Amma, nous observerons que le plus petit de ses gestes a souvent un impact énorme.

Amma utilise la métaphore du miel pour nous enseigner la nature de certaines qualités ; le miel ne change pas de nature, qu'on le goûte à un endroit ou à un autre de la planète : il a partout le même goût sucré. Il en est de même du feu, dont la nature brûlante reste partout la même. La paix et la compassion ne manquent pas à cette règle et leurs qualités universelles sont partout les mêmes, elles expriment une douceur et une chaleur auxquelles tous les êtres humains aspirent. Amma explique que si nos actions manquent de compassion, c'est que l'amour n'y est pas présent et qu'il reste un mot, enfermé dans le dictionnaire. Sans compassion, on ne peut pas éprouver la douceur de l'amour.

Amma sait que le monde, pour guérir, a un besoin énorme de compassion, et elle s'est donné la mission de répandre la compassion et d'en porter partout le message. Elle voudrait la voir se diffuser au sein de tous les peuples, au-delà des différences de langues, de cultures, de nationalités et de religions. Elle sait que pour guérir les blessures du passé et marcher sereinement vers l'avenir, nous devons ouvrir nos cœurs à l'amour.

Voici une histoire qui illustre cela : Une dame avait perdu son enfant, et à l'enterrement, elle demeurait inconsolable de cette tragédie. Beaucoup de gens essayaient de la consoler, mais ils ne savaient pas vraiment quoi dire. Puis, un homme au physique imposant s'avança avec douceur vers la mère en pleurs, lui prit la main, et la tint dans la sienne, sans prononcer un mot. Une des larmes versées par cet homme tomba sur la main de la mère éplorée et malgré son silence, la sincérité de sa compassion et la douce gentillesse de son cœur la réconfortèrent plus que toutes les paroles ou les actions des autres.

Il m'est arrivé de penser, lorsque je me trouvais avec des familles en deuil qui venaient voir Amma, que je pouvais les consoler en prononçant quelques paroles de sagesse sur le cycle de la vie et de la mort. Mais Amma ne rentre pas dans ce genre de considérations ; elle les serre seulement dans ses bras en leur murmurant : « Chuuut, tout va bien. Ne pleurez pas. » Parfois, elle ne peut rien dire de plus. Elle les prend dans ses bras pour les réconforter et pleure avec eux. Jamais je ne l'ai entendue dire : « Cela devait arriver », ou « Son heure était venue ». Dans ces moments de douleur intense, Amma offre simplement sa compassion. Elle prend ceux qui pleurent dans ses bras et essuie leurs larmes, s'identifiant à leur tristesse.

Il y a tant de souffrance dans le monde ! Un jour, pendant la tournée d'Amma dans le nord de l'Inde, nous nous sommes arrêtés dans un petit village. Quelques dames en ont profité pour marcher un peu, et au cours de leur promenade, elles sont passées devant une petite habitation où elles ont remarqué une belle jeune femme qui avait l'air triste. Parlant un peu hindi, elles ont entamé la conversation, et la jeune femme leur a raconté son histoire : on l'avait mariée à huit ans, et à treize ans, elle était déjà enceinte. Puis son époux était mort d'alcoolisme, et maintenant, à vingt-six ans, elle élevait seule son fils de treize ans. La vie ne lui offrait aucun bonheur, et c'était la même chose pour les autres femmes du village. Elles avaient toutes été mariées dans l'enfance et menaient une existence misérable, sans rien attendre de la vie. Malheureusement, de telles histoires sont courantes, surtout dans les pays en voie de développement.

Les pauvres villageois dans leurs huttes ne sont pas les seuls à pleurer. Amma rencontre aussi beaucoup de gens riches qui vivent dans de belles demeures ; ils mènent des existences vides de sens et souffrent tout autant. Dans le monde entier, les êtres humains pleurent, faute de trouver un peu de bonheur. C'est pour eux tous qu'Amma, portée par son immense compassion, passe sa vie à soulager cette souffrance partout dans le monde.

Chapitre 5

L'amour de Dieu dans un corps humain

« Chaque fois que vous vous souvenez
de votre vraie nature, vous faites briller
plus de lumière dans le monde. »

Anonyme

Quand on regarde Amma, on voit l'amour de Dieu exprimé sous une forme tangible. Il nous est impossible d'appréhender en totalité la nature de la Puissance divine, mais on peut s'en faire une idée, puisqu'à travers l'Histoire, ses qualités se sont manifestées dans la vie de quelques êtres d'exception dont les âmes étaient en communion avec Dieu. Nous éprouvons de l'admiration pour ces *Mahatmas* et les vénérons, car ils incarnent des qualités sacrées telles que l'amour, la compassion, le détachement et le pardon.

Amma est l'un de ces êtres d'exception ; elle a trouvé la source de l'amour et souhaite partager ce trésor avec nous. Son but est de nous guider vers l'Amour suprême pour nous y établir. Nous pouvons acquérir une certaine connaissance de la vérité ultime en étudiant les Ecritures et en lisant des livres spirituels, mais il suffit d'observer Amma pour voir cette vérité vécue au quotidien.

Amma ne pense qu'aux autres et jamais à elle-même ou à son propre confort. C'est ainsi qu'elle a choisi de vivre, à l'opposé des choix que nous avons tendance à faire.

Pendant les tournées d'Amma dans le nord de l'Inde, qui ont habituellement lieu une fois par an, nous voyageons par la route depuis le sud de l'Inde jusqu'aux régions situées les plus au nord. C'est un voyage très inconfortable car les routes sont cahoteuses, et nous sommes tous très secoués à l'intérieur du véhicule dans lequel nous voyageons. Pour rire, nous appelons ce camping-car « la Machine à laver », car à l'intérieur nous sommes remués comme un tas de linge sale dans une machine réglée sur le programme le plus long. Pour qui ne s'est jamais trouvé dans une machine à laver, il est difficile de comprendre ce qu'on y ressent, avec ces secousses qui vous projettent dans tous les sens... Ce qui est sûr, c'est que cette machine n'a pas été réglée sur le programme « fragile » !

L'assistante d'Amma, très attentionnée envers les gens qui montent dans ce véhicule, leur demande toujours : « Voulez-vous un comprimé contre le mal des transports ? ». Elle en donne à tous ceux qui nous accompagnent. Ils montent toujours à bord joyeusement, s'attendant à un merveilleux voyage, sans réaliser ce qui les attend.

Au moment d'embarquer, je me demande parfois, « Qui va être la victime aujourd'hui ? »

Les gens sont souvent jaloux et pensent : « Oh, ça doit être si confortable de voyager en camping-car ! » Mais la vérité, c'est que nous sommes coincés à l'intérieur d'une machine à laver qui nous secoue dans tous les sens... Les apparences sont toujours trompeuses et il n'y a vraiment aucune raison d'être jaloux.

Il y a deux lits dans le camping-car, mais Amma ne s'en sert jamais. Elle préfère que ce soit nous qui les utilisions et insiste pour s'installer par terre, couchée sur un petit matelas très fin.

Le reste du mobilier a été enlevé ; il n'y a même pas une chaise sur laquelle s'appuyer ou s'asseoir. Et donc, elle fait le trajet allongée par terre.

Dans sa chambre à l'ashram, c'est la même chose ; Amma adapte toujours son comportement aux besoins des autres. Elle préférerait dormir par terre, mais comme sa chambre est petite et qu'elle la partage avec son assistante et maintenant avec les trois chiens, il n'y a plus de place pour s'allonger sur le sol. Elle s'est donc mise à dormir sur le lit, juste pour avoir un peu de place pour s'étirer. Mais bien sûr, elle n'avait pas sitôt changé d'habitude qu'un des chiens a décidé qu'il voulait lui aussi dormir sur le lit.

C'est un grand chien qui aime s'étirer de tout son long et qui prend presque le tiers du lit. Si quelqu'un essaie de le tirer hors du lit, il grogne en montrant les dents, affirmant son refus de bouger. Pour l'apaiser et lui laisser de la place, Amma s'était mise à dormir dans une position vraiment inconfortable, les pieds et les jambes pendant hors du lit. Maintenant, pour répondre au désir du chien, elle dort les pieds posés sur son dos. Et il a l'air très heureux ainsi. Il est incroyable de penser que même dans sa chambre, Amma a à peine la place d'allonger les jambes. Mais malgré tout, elle s'abandonne au tour que prennent les événements, et s'assure toujours que les besoins de tous sont satisfaits.

Je me fais parfois du souci en voyant combien elle donne de sa personne. Il m'est arrivé de la supplier d'arrêter de voyager autant, organisant comme elle le fait programme après programme pendant des mois sans prendre un seul jour de repos. Je lui ai un jour demandé si nous pouvions nous dispenser de partir en tournée dans le nord de l'Inde, car ce voyage fatigue beaucoup son corps. Elle m'a répondu : « Non ! Les gens des villages du nord sont si pauvres qu'ils ne peuvent pas se permettre de venir me voir ici [dans le Kérala]. »

J'ai suggéré : « Amma, nous pourrions leur envoyer des bus pour aller les chercher et les ramener ici à l'ashram ». Mais Amma n'était pas d'accord et a répondu que mon plan coûterait trop cher, qu'il valait mieux que ce soit elle qui voyage et qu'on utilise l'argent ainsi économisé pour aider les pauvres. Il est impossible de convaincre Amma de se reposer davantage...

Nous avons essayé un nombre incalculable de fois.

Dans de nombreux pays, des dévots d'Amma pleurent quotidiennement de ne pas pouvoir être à l'ashram avec elle. Elle pense sans cesse à eux, jamais à sa santé ni à son confort. Leur désir de la voir et leur tristesse la poussent à voyager constamment pour répondre à leur appel, alors que la vie serait beaucoup plus simple si nous restions à l'ashram. Nous vivons dans un monde où la plupart des gens ne pensent qu'à ce qui leur procure le maximum de bénéfices et se demandent toujours : « Qu'est-ce que ça peut m'apporter ? » La façon de vivre d'Amma est radicalement opposée : elle fait toujours passer les autres avant elle.

Elle nous incite à mettre l'accent sur ce que nous pouvons donner, sans penser à ce que nous pourrions prendre. Pourquoi ne pas faire de bonnes actions tant que nous en avons la force ? Il est important, une fois nos besoins satisfaits, d'avoir un peu de considération pour les autres et de redonner quelque chose au monde dans la mesure de nos moyens. Personne ne nous demande l'impossible et encore moins d'imiter Amma parfaitement. D'ailleurs, aucun être humain normal n'en serait capable. Mais si nous nous oublions un peu pour servir les autres un petit moment, nous serons forcément plus heureux.

Quand Amma supervise le travail des dévots qui construisent des maisons pour les pauvres, elle leur conseille toujours d'employer leur temps libre à rendre visite aux villageois, afin de les écouter et de comprendre leurs problèmes. Elle-même connaît bien l'angoisse des pauvres ; cela fait des décennies qu'ils viennent s'ouvrir à elle et lui confier leurs soucis. Contrairement à elle, beaucoup de jeunes gens qui vivent à l'ashram et participent au travail humanitaire n'ont aucune idée des difficultés rencontrées par les pauvres. Amma sait que pour régler les problèmes existants, il faut d'abord qu'il y ait une prise de conscience chez les riches.

Il y a beaucoup de pauvreté et de souffrance en ce monde. Et c'est notre responsabilité de faire notre possible pour aider ceux qui souffrent ; c'est pourquoi Amma a créé autant d'œuvres caritatives dans le monde entier, pour soulager la misère qui règne un peu partout. Confrontée à nos problèmes et à nos chagrins, elle offre sa vie au service de l'humanité.

Laissons notre cœur s'adoucir et s'emplir de compassion envers les autres au lieu de toujours nous centrer sur ce que nous pouvons obtenir. C'est le magnifique exemple que nous donne Amma en offrant son maximum à chaque instant, essayant ainsi de faire jaillir en nous une goutte de compassion.

Chapitre 6

Fraîche comme une pâquerette

*« Puisse l'amour de la beauté
inspirer toutes vos actions. »*

Rumi

Amma affirme que l'ashram d'Amritapuri ressemble à un hôpital. Les gens y arrivent avec une carence en vitamine A pour Amour, et doivent être mis en soins intensifs. Heureusement, Amma est le meilleur des docteurs. Son regard nous transperce, allant au-delà des couches superficielles de notre existence pour observer directement notre âme. La plupart des gens ne voient que les apparences extérieures, mais le regard d'Amma pénètre au plus profond de notre être, là où personne d'autre ne peut voir. Elle a en outre une réserve illimitée de vitamine

A (pour Amour) à distribuer, et s'en sert chaque fois que c'est nécessaire. C'est vraiment une très grande chance de pouvoir rester auprès d'Amma et observer le flot d'amour et d'empathie qu'elle génère.

De temps en temps, je pense aux grandes souffrances que le corps d'Amma endure à cause des très longues heures qu'elle passe à donner le darshan. Parfois, le moindre mouvement de son cou ou de son corps la fait beaucoup souffrir. Lorsque cela arrive, je me demande comment elle va faire pour embrasser cinq personnes, sans parler de la vingtaine de milliers d'autres qui attendent de la voir lors des gros programmes ! Mais Amma ne voit pas les choses ainsi car elle sait qu'elle peut détacher son esprit de son corps à volonté, et qu'elle trouvera toujours la force de servir les autres.

Un jour, alors que nous nous rendions en voiture vers le lieu d'un grand programme national, Amma souffrait terriblement. Le plus petit mouvement lui était insupportable et je n'arrivais pas à m'imaginer comment elle allait pouvoir passer la nuit à donner le darshan à une foule aussi nombreuse. A son arrivée sur scène,

Amma voulait se pencher et se prosterner comme elle le fait toujours au début d'un programme, mais l'intensité de la douleur lui interdisait ce mouvement. En fait, elle ne pouvait absolument pas pencher le cou. Quand je l'ai vue sur le point de se pencher quand même, j'ai insisté pour qu'elle ne le fasse pas : « Non Amma ! Ce n'est pas la peine ! Salue avec tes deux mains en *pranam* (salutation respectueuse), cela suffira ».

Je me sentais un peu ridicule de la conseiller ainsi devant tout le monde (le disciple disant au guru ce qu'il doit faire !) en la retenant par le bras pour essayer de l'empêcher de se prosterner... D'ailleurs, mon intervention a sûrement été filmée !

Amma m'ignora, tout simplement, et se prosterna comme d'habitude. Et personne ne se serait douté, en la voyant faire, que son corps était en souffrance. Ce faisant, elle accomplissait son devoir, sans tenir compte ni d'elle-même, ni de sa santé.

En Occident, Amma donne le darshan jusque tard dans la nuit, et en ces occasions, je sais que son corps souffre intensément. Quand il y a deux programmes par jour, le premier commence vers dix heures du matin et se termine vers quatre heures de l'après-midi ou plus tard, selon l'affluence. A la fin du darshan, Amma a parfois la tête qui tourne à cause du manque de nourriture et d'eau. Mais les gens qui la regardent ne s'en rendent pas compte car elle ne veut pas montrer son état, de peur de les attrister.

Le programme du soir commence environ deux heures après la fin du premier programme, et dure jusque tard dans la nuit. Amma donne souvent le darshan jusqu'à quatre ou cinq heures du matin, et ne termine qu'une fois qu'elle a étreint tous ceux qui désirent la rencontrer. Elle fait ensuite une courte pause au petit matin, avant de recommencer à donner le darshan à dix heures. Autour d'elle, la nuit et le jour se confondent, et les programmes s'enchaînent sans interruption. Elle ne réfléchit jamais aux efforts constants qu'elle fait pour tous, seulement aux difficultés de ceux qui doivent attendre si long-temps pour la voir.

Quand des villageois viennent la voir à l'ashram en Inde et qu'il n'y a pas trop de monde, Amma leur donne souvent des darshans extrê-mement longs. Après une telle journée, Amma est rentrée très tard dans sa chambre et a admis que son corps la faisait beaucoup souffrir ; en entendant cela, je lui ai demandé pourquoi elle avait donné de si long darshans à tout le monde. Elle m'a répondu que le tarif des bus avait beaucoup augmenté. Elle est consciente des nombreux sacrifices que font les pauvres pour venir la voir ; certains villageois doivent même emprunter des habits en bon état à leurs voisins pour venir à l'ashram. Amma m'a expliqué : « Il faut quand même que je leur donne quelque chose ! Je dois leur parler puisqu'ils parlent la même langue que moi et qu'ils font tant de sacrifices pour venir ici. »

Même lorsqu'il lui arrive d'avoir un problème digestif ou la nausée, Amma n'annule jamais le darshan, où qu'elle soit. Si elle sent qu'elle va être malade, elle se retire dans une pièce pour vomir, se lave la bouche et retourne aussitôt donner le darshan. En la regardant, personne ne peut se rendre compte qu'elle souffre. Il y a eu une période où Amma avait les muscles de l'abdomen si contractés, à force de rester si longtemps assise dans la même position sans bouger, que la douleur la forçait à porter une ceinture de soutien. Mais qu'a-t-elle fait ? Elle s'est empressée, lors d'un darshan, de donner la ceinture à un homme pauvre qui en avait besoin.

Tard dans la soirée, ou plutôt vers la fin de la nuit à l'approche du matin, on peut remarquer qu'Amma change parfois de niveau de conscience. Elle laisse son esprit s'élever loin de l'épuisement du corps, et se met à s'esclaffer et à rire, ralentissant dramatiquement le rythme auquel elle donne le darshan et embrassant chaque nouvelle personne plus longuement que la précédente. Elle ne se dépêche jamais à la fin d'un programme, elle n'essaie jamais de finir vite pour aller se reposer, comme nous le ferions à sa place.

Lors d'une tournée dans le sud de l'Inde, alors qu'Amma avait donné le darshan pendant quatorze heures, je m'attendais à ce qu'elle souffre énormément en fin de nuit. Mais quand elle est rentrée dans sa chambre cette nuit-là, au lieu de se reposer et de manger, elle a encore reçu des gens pendant une heure et demie. Ils lui ont offert un grand verre rempli d'eau de noix de coco ; Amma n'avait pas l'intention de le boire mais elle l'a accepté et tenu pendant vingt bonnes minutes, jusqu'à ce que je réalise, bien tard, qu'il devait être très lourd et que je l'en débarrasse enfin. Elle avait accepté le verre simplement parce que c'est ainsi qu'elle agit : elle accepte tout et ne rejette jamais rien ni personne.

Je ne pouvais qu'imaginer à quel point son corps devait souffrir et combien elle devait être fatiguée après être restée assise sans bouger toute la journée et toute une partie de la nuit. J'aurais pensé qu'après un si long darshan, elle aurait les muscles fatigués et extrêmement douloureux, surtout ceux des bras. Mais à mon grand étonnement, elle discutait en gesticulant avec enthousiasme. Nous autres commencions à manquer sérieusement d'énergie, mais ce n'était pas le cas d'Amma, qui était aussi fraîche qu'une pâquerette. Et ainsi va la vie d'Amma, soutenue par l'amour qui lui permet d'accomplir l'impossible.

Si le corps d'Amma était une statue, elle aurait rouillé depuis longtemps et serait redevenue poussière. Combien de gens s'appuient sur ses jambes, lui marchent sur les pieds, lui attrapent le cou, ou lui crient dans l'oreille ? Mais Amma affirme que malgré tout cela, la grâce de Dieu lui permet de continuer à donner le darshan et que les douleurs qu'elle ressent dans son corps servent à diminuer les nôtres. Telle est la mesure du mystérieux amour qu'un *Satguru* (un vrai maître) éprouve pour le monde. C'est ce même principe que les Chrétiens invoquent lorsqu'ils disent que Jésus a souffert pour nos péchés.

Un jour, un dévot a demandé à Amma si son corps souffrait vraiment ou non ; cette question le préoccupait ; il pensait que le corps d'Amma souffrait forcément, vu tout ce qu'elle endure, mais il doutait de ses conclusions en observant qu'elle rayonne généralement de bonheur. Amma lui a répondu : « Au niveau humain, le corps souffre, mais à mon niveau, il ne souffre jamais ! Ne t'inquiète pas, mon enfant chéri. »

Une fois qu'on a donné un cadeau, on ne doit jamais le reprendre. Amma insiste : « Je me suis donnée au monde en offrande ; il n'est pas question que pour des raisons égoïstes, je reprenne quoi que ce soit. » Elle nous montre ainsi la voie à suivre, nous enseignant par l'exemplarité de sa vie comment se sacrifier pour les autres. Elle fait toujours tout pour donner le maximum. Elle nous montre que, quand l'amour habite notre cœur et que nous faisons le bien autour de nous, les efforts ne nous coûtent guère ; et, au contraire, qu'ils nous donnent de la force. Prions pour absorber un tant soit peu des bonnes qualités d'Amma, afin de rendre à la société ce qu'elle nous a donné.

Chapitre 7

La plus grande des sadhanas

« Dès la naissance, nous dépendons des soins et de la gentillesse de nos parents, et plus tard, lorsque nous sommes minés par la maladie et affaiblis par la vieillesse, nous dépendons à nouveau de la gentillesse des autres. Puisque le commencement et la fin de notre vie sont marqués par cette dépendance envers la gentillesse des autres, comment pourrions-nous, dans l'intervalle qui nous reste, négliger d'être gentils envers les autres ? »

Tenzin Gyatso, 14ème Dalaï Lama

Aimer les autres et les servir est la plus grande des *sadhanas* (pratique spirituelle). Mais combien d'entre nous sont prêts à aimer tous les êtres et à les servir constamment, comme le fait Amma ? Si nous étions vraiment capables d'aimer et de servir les autres inconditionnellement, nous n'aurions plus rien à faire pour atteindre les sommets de la spiritualité ; mais cela implique d'aimer *tout le monde*, pas simplement les quelques personnes avec lesquelles nous nous sentons bien, ou vers lesquelles nous sommes attirés.

Cela veut dire aimer la personne qui vous double dans la file d'attente à la cantine ; ou celle qui s'asseoit à moitié sur vos genoux, juste avant le début des *bhajans* (chants de dévotion) alors que la salle est comble et que vous aviez déjà l'impression de ne pas avoir assez de place ; ou celle qui vous fait presque tomber en vous bousculant quand Amma est sur le point d'arriver ou encore qui s'installe juste devant vous pour la voir venir. Si vous arrivez à les aimer dans ces moments-là, alors vous n'avez plus grand chose à faire en termes de *sadhana*.

Il est extrêmement difficile de voir constamment le meilleur en chacun. Bien sûr, ce serait l'attitude la plus parfaite mais c'est un but difficile à atteindre. Pour commencer, entraînons-nous à concentrer notre esprit sur ce qui est bon pour développer des qualités positives. Méditer, faire des pujas, chanter des chants dévotionnels, répéter un mantra, prier pour le bien du monde, pratiquer le *karma yoga* (action désintéressée), toutes ces activités développent notre capacité de concentration, de compassion et d'empathie.

Des recherches et des études en neuroscience ont maintenant prouvé que les bonnes actions ou même seulement les bonnes intentions, ont un effet extrêmement bénéfiques sur la santé et le bien-être. Des études ont montré qu'il est possible de rééduquer l'esprit pour lui insuffler le sens des valeurs, même si on ne nous les a pas enseignées lorsque nous étions enfants. Quand nous pensons et agissons selon des valeurs positives, nous en retirons un profond sentiment de joie et de bien-être. Dès lors, un cycle vertueux se met en place : plus nous désirons faire le bien autour de nous, plus nous sommes heureux ; plus nous sommes heureux, plus nous désirons faire le bien.

Les enfants étant si perméables à l'atmosphère qui les entoure, il est particulièrement beau de voir l'influence d'Amma sur eux. Un groupe d'enfants qui vivent autour d'Amma en a donné un bel exemple ; ils se sont concertés pour savoir combien de glaces ils avaient vraiment besoin de manger par semaine et ils ont décidé que deux glaces leur suffisaient. Puis ils ont utilisé l'argent ainsi économisé pour aider des enfants défavorisés. La simple présence d'Amma à nos côtés nous inspire le désir de donner, et c'est là le but véritable de toute pratique spirituelle.

Les enfants de l'ashram viennent parfois me dire : « Regarde combien de mantras j'ai récités ! » Récemment un jeune enfant est venu, et tout en me disant : « Regarde ! », il me mettait son compteur électronique de mantra sous le nez pour que je le lise ; celui-ci indiquait 8888. Impressionnée par ce nombre, je lui ai demandé : « Et tu as dit ton mantra autant de fois?

« Oui ! » m'a répondu innocemment ce petit enfant de six ans.

La dévotion que les enfants apprennent au contact d'Amma est une chose très belle et très importante dans le monde actuel. A un âge où ils absorbent les valeurs qui les entourent, la dévotion conduit les enfants à vouloir aimer et servir la société et Mère Nature. Cet esprit de service est l'attitude à cultiver si nous voulons assurer la survie des générations futures.

Certaines personnes pensent parfois qu'elles n'ont pas de temps à consacrer au travail désintéressé, car leur travail et leur famille remplissent toutes les cases de leur agenda. Elles se demandent comment elles pourraient encore trouver le temps de servir les autres alors qu'elles sont déjà tellement prises. Amma leur conseille, si par exemple elles ont déjà trois enfants, d'imaginer que le service désintéressé est leur quatrième enfant ; vous trouveriez toujours le temps de vous occuper de vos enfants, quel qu'en soit le nombre. En adoptant ce point de vue, il devient possible de trouver un peu de temps à consacrer au service désintéressé, malgré un emploi du temps très chargé.

Il peut nous arriver de penser que notre *seva* ne compte pas, qu'il n'est pas très important, ou bien que d'autres pourraient le faire, mais en réalité, c'est un des outils les plus utiles dont nous disposons. Le *seva* nous enseigne à ne pas penser uniquement à nous-mêmes et à ce que nous désirons. S'il est fait avec l'attitude juste, par la grâce d'Amma, il peut nous conduire au but ultime.

Un homme est un jour venu me voir, indigné, et m'a raconté qu'il était très mécontent de son *seva*. Il me dit : « Je suis venu à l'ashram d'Amma pour faire des progrès spirituels pour le bien de l'humanité, et voilà qu'on me demande de faire des choses insignifiantes, comme de laver la vaisselle ou d'aider au recyclage. Je suis un excellent professionnel, quelqu'un de très créatif, et je suis offensé qu'on me demande de caler mes horaires de *sadhana* sur ces tâches que je n'aime pas du tout. »

Je lui ai répondu que s'il excellait dans le monde en tant que professionnel, le plan divin était peut-être de lui enseigner un peu d'humilité en l'affectant ici à ces autres travaux. Ce qui nous arrive est toujours exactement ce dont nous avons besoin. Il n'y a pas d'erreur possible dans le déroulement de la vie, même si le bureau des *sevas* nous embête en nous demandant d'effectuer un certain travail, alors que nous préférerions pratiquer d'autres types de *sadhana* (ou faire d'autres choses encore bien plus amusantes).

Quand nous nous asseyons pour méditer, nous ne cessons pas pour autant d'agir ; même les pensées qui nous viennent à l'esprit sont des formes d'actions. Alors tant qu'à agir, pourquoi ne pas faire aussi du service désintéressé, appelant ainsi sur nous la bénédiction de la grâce.

Il serait bon d'adapter notre attitude aux besoins qui se présentent, en étant prêts à servir les autres avec joie de quelque manière que ce soit. Amma n'a pas besoin de gens assis près d'elle, qui, comme moi, lui tendent une petite serviette pour qu'elle s'essuie le visage. Ce *seva* est déjà pris, soit dit en passant, mais il y a tant d'autres tâches à accomplir ! Et si personne ne les fait, Amma est souvent la première à se lever pour les exécuter. Elle travaille toujours très dur, avec abnégation, pour nous inspirer le désir de l'imiter.

Un soir, après les bhajans, Amma se plaignait qu'elle souffrait beaucoup et me répétait qu'elle ne se sentait vraiment pas bien. Bien entendu, j'étais triste pour elle, mais comme je ne pouvais rien faire pour la soulager, je l'ai quittée après notre conversation pour aller faire du *seva* dans ma chambre. Soudain, j'ai entendu un

remue-ménage dehors et les gens qui criaient :
« *Seva* de briques ! »

Je me suis fait la remarque suivante : « Eh
bien au moins, ce qui est sûr, c'est qu'Amma ne
descendra pas porter des briques aujourd'hui,
elle n'est pas bien. » Mais je n'avais pas plus
tôt eu cette pensée qu'Amma était déjà dehors,
l'air joyeux et les bras chargés de briques : elle
en portait plus que personne d'autre. Elle se
comporte parfois comme une enfant que l'on
peut facilement distraire, en l'orientant vers son
activité préférée : le service.

Au Canada, il y a un petit garçon de quatre
ans qui adore faire du *seva*. Un jour, il portait
un tablier d'adulte quand Amma est passée, et
lorsqu'il l'a saluée en lui offrant ses *pranams*
(salutation les mains jointes), elle s'est tournée
vers lui en disant, « *Seva, seva, seva* ! » Elle était
si heureuse de voir qu'il avait fait du *seva* (et il
avait l'air tellement adorable avec son énorme
tablier), qu'elle lui a donné un baiser.

Amma parle souvent des enfants qui aiment
faire du service désintéressé. Elle en est fière,
et elle est toujours très heureuse quand elle les
voit travailler dur pour aider les autres, avec

une bonne attitude. Le *seva* permet aux enfants d'apprendre des gestes et des techniques qui leur seront utiles plus tard, tout en cultivant l'amour et la compassion. Quand notre joie consistera à faire le bien autour de nous, alors nous aurons vraiment trouvé le bonheur intérieur. C'est pourquoi le *seva* est l'un des plus beaux cadeaux que l'on puisse nous offrir.

La spiritualité est complètement en phase avec la vie pratique. Lorsqu'Amma perçoit un besoin quelque part, elle est toujours prête à y répondre. Et c'est cela qui compte : voir où sont les besoins et se mettre aussitôt au travail, faire le nécessaire, le cœur rempli d'amour. Toute occasion de servir est une grande chance qui nous est offerte, mais il nous appartient de le comprendre et de le voir comme une bénédiction. Si vous vous surprenez à penser, « Oh, non, je ne veux pas faire cela ! », vous devez changer d'attitude. Si vous y parvenez, alors vous accomplirez n'importe quelle tâche de bon cœur. Personne ne peut vous y forcer ; c'est une attitude qui doit venir du cœur.

Un nombre incalculable de chercheurs spirituels lisent des livres sur la spiritualité et étudient les différentes écoles philosophiques, mais combien d'entre eux sont prêts à travailler pour répondre aux besoins d'autrui ? Combien sont prêts à pratiquer les formes d'humilité et de service les plus extrêmes ? En vérité, il y en a peu – et pourtant existe-t-il une plus belle chose au monde que le service ?

Où que vous soyez si, le cœur rempli d'inno-cence, vous dédiez toutes vos actions au Divin en servant là où l'on a besoin de vous, il est certain que vous attirerez sur vous le flot de la grâce. Le service désintéressé est un instrument magni-fique, c'est l'une des plus grandes joies que je connaisse. La vie est faite pour que nous expri-mions notre amour, et le service désintéressé est la magnifique avenue que l'amour emprunte.

Chapitre 8

Le secret du bonheur

*« En aidant les plus démunis, on se libère
peu à peu de l'égoïsme et sans même s'en
apercevoir, on trouve l'épanouissement. »*

Amma

Donner nous apporte toujours un extrême sentiment de satisfaction. Les bénévoles qui travaillent pour des organisations caritatives ou ceux qui donnent à des associations philanthropiques connaissent les joies que procure cet esprit ouvert et généreux qui cherche à s'exprimer par le don. On dit que l'argent ne fait pas le bonheur, mais ce qui est sûr, c'est que si vous donnez avec générosité, vous goûterez ce bonheur si difficile à trouver, après lequel tout le monde court. Lorsqu'au lieu d'essayer de satisfaire nos désirs, nous cherchons à aider les autres, notre vie devient la source d'une très grande satisfaction. La vérité, c'est que plus on donne, plus on est heureux.

Au milieu d'une grande réunion de famille, une jeune fille proclame soudain que son cœur est le plus beau de tous. Les gens se réunissent autour d'elle pour admirer son cœur parfait, bien arrondi, lisse et brillant. Elle en est très fière et s'en vante beaucoup.

Mais soudain, une vieille femme glapit d'une voix forte et rude que son cœur à elle est bien plus beau que celui de la jeune fille. En voyant ce cœur tout usé, plein de raccommodages et de blessures encore ouvertes, tous les invités rient. Le cœur de la vieille dame est découpé par endroits, et d'autres endroits ont été partiellement raccommodés avec des morceaux qui n'ont ni la bonne taille, ni la bonne forme. La jeune fille dit en riant à la vieille dame : « Comment oses-tu comparer ton cœur au mien ? Il est vieux, tout biscornu et déchiré, alors que le mien est parfait ! »

La vieille dame réplique : « Je veux bien croire que ton cœur est parfait, mais on ne peut pas dire qu'il soit beau. Toutes les cicatrices que tu vois sur mon cœur représentent des gens à qui je l'ai donné. Ils m'ont parfois donné un bout du leur en retour, mais pas toujours. C'est pourquoi en tant d'endroits, il y a des morceaux qui n'ont ni la bonne taille, ni la bonne forme. Mais je les chéris quand même, car ils me rappellent l'amour et les beaux moments que nous avons partagés. Les blessures ouvertes me font mal ; ce sont les personnes qui ne m'ont jamais rendu mon amour, mais j'attends quand même, en espérant qu'elles comprendront un jour à quel point il est important de donner de l'amour. »

En entendant ces paroles, la jeune fille se met à pleurer ; elle va vers la vieille dame, coupe un morceau de son cœur parfait et comble un trou dans celui de la dame. Puis elle baisse les yeux vers son propre cœur et le regarde ; il n'est désormais plus aussi parfait, mais il est devenu bien plus « beau ».

Il arrive que certains esprits héroïques nous touchent et nous inspirent profondément. C'est le cas d'un professeur qui vint au secours d'un de ses élèves qui avait besoin d'une greffe de rein. Cette femme était enseignante dans une classe de garçons de quatorze ans. Elle fut si touchée d'apprendre qu'un de ses élèves allait mourir s'il n'obtenait pas une greffe de rein, qu'elle s'engagea auprès de sa famille à lui donner un rein si elle s'avérait être un donneur compatible. Après vérification c'était le cas, et elle tint sa promesse.

L'histoire suivante aussi est une belle source d'inspiration. Elle se passe à Philadelphie pendant la période de Noël, il y a quelques années. Un couple était allé au restaurant pour prendre un bon petit-déjeuner, puis au moment de régler l'addition, ils firent une chose très inhabituelle ; au lieu de régler juste leur petit-déjeuner, ils insistèrent pour régler aussi l'addition des gens qui déjeunaient à la table d'à côté, bien que ceux-ci leur fussent totalement inconnus. Ils firent cela secrètement, ne voulant recevoir ni remerciements ni éloges, sans laisser leur nom ou coordonnées. Ils désiraient juste faire un geste gentil, et engagèrent la serveuse à souhaiter un « Bon Noël » à ces inconnus.

Mais la bonne action ne s'arrêta pas là. Les clients qui reçurent ce cadeau, agréablement surpris par ce geste de gentillesse, voulurent à leur tour y participer et payèrent le repas d'autres clients, en laissant également des pourboires pour toutes les serveuses. Les gens étaient tous très surpris en se voyant offrir le repas, et ils insistaient pour relayer ce geste de générosité, qui voyagea de table en table, pendant des heures dans le restaurant, comme un effet domino.

Les serveuses n'avaient jamais rien vu de tel pendant toutes leurs années de service. Les larmes leur venaient aux yeux en voyant cette magnifique chaîne de générosité qui continua durant cinq heures. Nous aussi, en agissant d'une manière désintéressée et en faisant preuve de gentillesse envers les autres, pouvons créer de tels effets domino qui se répandent toujours plus loin, comme une ondulation à la surface d'un étang.

La solitude s'installe lorsqu'on ne pense qu'à soi. Si nous sommes trop attachés à nos désirs, il y aura toujours un vide en nous, même si nous avons les poches pleines. Une maison remplie d'innombrables trésors ne peut pas satisfaire le cœur. Nous pouvons accumuler les possessions et notre compte en banque peut déborder, si nous ne sommes motivés que par des désirs égoïstes, notre mental en générera toujours de nouveaux. Jamais nous n'obtiendrons le bonheur en agissant égoïstement et en cherchant à satisfaire tous nos désirs. Il nous manquera toujours quelque chose. Tant que nous n'apprendrons pas à donner, les désirs ne nous laisseront jamais en paix.

Les gens se demandent souvent : « Qu'est-ce que je vais bien pouvoir obtenir ? » Mais Amma n'encourage pas ce genre d'attitude. Elle préfère nous pousser à créer des choses magnifiques, en utilisant nos talents personnels au service des autres. La plus grande joie, c'est d'aider autrui et c'est ainsi que notre vie prend tout son sens, ainsi que l'on atteint le but ultime. La vie est faite pour cela

Les désirs nous empêchent d'atteindre le véritable bonheur, car le fait de les assouvir ne nous en libère pas. Au contraire, ils se multiplient et reviennent en force. Prenez l'exemple de la technologie dernier cri, qui obsède tant de gens. Nous achetons un nouveau téléphone, le dernier sorti, et nous sommes très heureux de l'utiliser ; mais voilà que six mois plus tard sort un nouveau modèle, plus fin, plus léger, avec plus de pixels, plus d'applis, plus de jeux... Et nous n'avons de cesse de le posséder. Nous pensons, « Je ne suis plus aussi heureux qu'au début avec ce vieux téléphone, je sais que je serai plus heureux avec un nouveau ! » Mais le problème, c'est que nous ne pouvons pas assouvir tous les désirs du mental : les pensées et les désirs qui y naissent sont sans fin.

Si en revanche nous parvenons à réduire nos désirs, nous serons heureux avec moins de choses. Mais il est utile de prier pour demander de l'aide, car il n'est pas facile de transcender les désirs. En effet, le mental ne cesse de s'agiter, c'est pourquoi nous essayons de le calmer en répétant notre mantra et en équilibrant notre vie grâce à la méditation et à d'autres pratiques spirituelles. Si nous réussissons à suivre une certaine disci-pline spirituelle, nos désirs diminueront et nous trouverons la paix.

Beaucoup de gens se contentent de prendre, mais il est tellement mieux de donner –seule cette attitude nous apporte la vraie joie. La grâce s'obtient en faisant de bonnes actions avec une attitude d'abnégation. Si nous faisons le bien dans un esprit de désintéressement, nous sen-tirons la grâce divine se répandre sur nous où que nous soyons.

Oubliez-vous en vous consacrant au service désintéressé. Lorsque nos efforts ne sont pas centrés sur notre propre libération mais dédiés au service des autres, la grâce divine descend sur nous comme les flots d'une rivière et nous purifie. Alors nous recevons la récompense de nos efforts, une purification qui transforme notre vie, et la grâce qui un jour descend pour nous conduire vers le but ultime, la libération.

Chapitre 9

Aimer Amma à travers tous les êtres

*« Dieu plus le mental, c'est l'homme.
L'homme moins le mental, c'est Dieu. »*

Anonyme

Quand les gens se marient, ils se disent, « Je t'aime, je t'aime. Je promets de rester avec toi jusqu'à ce que la mort nous sépare ». Et puis lorsque les choses se compliquent, ils oublient leurs promesses. Ainsi vont les relations de nos jours ; l'amour que nous donnons n'est pas très profond. Cependant, lorsque l'amour s'approfondit et devient le fondement de notre vie, il produit des fleurs au parfum exquis – nous ressemblons alors à de belles branches de jasmin en fleur, qui offrent au monde leur merveilleux parfum. Et la beauté de cette fleur d'amour peut être appréciée par tous ceux qui nous croisent.

Partout où nous allons, tout le monde essaie de toucher la main d'Amma en lui criant, « Amma, je t'aime, je t'aime, je t'aime. » Mais si vous aimez vraiment Amma, ne vous contentez pas de le lui dire, mettez cet amour en pratique. Aimer devrait être un verbe d'action, pas seulement un mot dont nous faisons un usage excessif, irréfléchi. C'est uniquement quand votre amour se transforme en action que vous réalisez sa durabilité et son pouvoir de transformation. Sans action, « l'amour » est pareil à un fruit en cire ; il a belle allure mais il ne peut pas nous nourrir – ce n'est qu'un mot, une coque vide et décorative.

Quand nous agissons avec amour, la grâce intervient et nous conduit au-delà de la souffrance, de plus en plus haut, vers un endroit où règne la paix. Nous cessons de ne voir en Amma qu'une seule dimension ; la vérité de son essence se révèle à nous et nous saisissons la magnificence de l'amour.

Voici une histoire que raconte un dévot d'Amma :

« Un jour, en allant au darshan, j'avais le cœur rempli d'un profond désir d'être proche d'Amma. Je lui avais écrit une note pour lui demander : « Amma, comment puis-je me rapprocher de toi ? » Amma me regarda profondément dans les yeux, avec intensité, en me tenant longtemps dans ses bras, et une fois le darshan fini, lorsque je me suis assis en fermant les yeux, je ne voyais plus qu'Amma partout. Je voyais Amma dans une mère qui aime son enfant, dans la personne qui aide un mendiant, dans les amis qui s'aiment et se soutiennent dans les moments difficiles. Là où il y avait de l'amour, Amma était là, partout. Je ne voulais plus ouvrir les yeux, parce que j'avais peur d'être distrait par sa forme physique. C'est ainsi que j'ai compris qu'elle est loin d'être limitée à son corps. Il m'a semblé que cette expérience durait une éternité... Elle m'a aussi montré où elle était pendant les moments les difficiles et m'a ainsi révélé que toute ma vie, elle m'avait soutenu et porté. J'ai vu qu'Amma était l'amour qui existe partout et en toute chose. Maintenant, je sais que chaque fois que quelqu'un m'offre de l'amour, c'est Amma qui m'aime. Elle est l'amour sous sa forme la plus pure. Et si je veux sentir la présence d'Amma, il me suffit de devenir moi-même cet amour. C'est ce que je désire, devenir l'amour en action. »

Amma n'a besoin de rien, mais elle serait heureuse si nous arrivions à mettre réellement son enseignement en pratique. De notre côté, nous désirons toujours la rendre heureuse, mais comment faire ? Le plus important, c'est d'aimer les autres comme nous l'aimons.

Il est si simple d'aimer Amma. Ce n'est pas difficile, elle est tellement irrésistible ! Pour nous, ses dévots, elle est la plus belle personne au monde, la plus charmante, la plus drôle, la plus serviable. Amma remporte toujours le premier prix. Et je ne suis pas surprise que les gens déclarent qu'ils l'aiment autant, car elle est absolument fantastique. Quiconque possède le moindre bon sens peut voir sa grandeur. Mais au lieu de n'aimer que la forme physique d'Amma, essayons de la voir en tous et de les aimer avec le même amour. Voilà ce qui serait vraiment formidable (et beaucoup plus difficile) !

Dans la Bible, Jésus dit : « Aimez-vous les uns les autres, comme je vous ai aimés. » En essence, toutes les religions disent exactement la même chose : Dieu est amour. Et notre devoir consiste à faire tout notre possible pour devenir cet amour. Amma aussi souhaite que nous nous aimions les uns les autres comme elle nous aime.

Sa manière de vivre et d'agir dans le monde nous fournit aujourd'hui le plus bel exemple qui soit. Bien qu'elle ait beaucoup de travail et de gros problèmes à régler – problèmes qui bien sûr ne manquent pas de surgir lorsqu'on s'occupe de millions de personnes, elle réussit quand même à aimer tout le monde. Si elle y parvient, c'est qu'elle se voit en chacun de nous, c'est qu'elle sait que toute la création n'est qu'une manifestation du Divin. Elle voit en chacun son propre reflet, comme si elle se regardait dans un miroir. Pour nous, cette expérience reste au niveau de la croyance et de l'intellect ; nous croyons que telle est la vision d'Amma, nous le comprenons intellectuellement, mais Amma *vit* réellement cette expérience au quotidien. Pour elle, c'est une évidence pure et simple.

Elle nous rappelle souvent que « selon la philosophie indienne, il n'y a pas de différence entre la création et le Créateur ; ils sont une seule et même chose, tout comme il n'y a aucune différence entre de l'or et des bijoux en or ». Amma déclare que le Védanta est la Vérité suprême : tout est Dieu. Comprendre cela, c'est accéder à la connaissance ultime. Mais c'est principalement par la pratique de la *bhakti* (dévotion), plus que par l'intellect, qu'il est possible de s'améliorer en développant de belles qualités, telles que la compassion et de désir de servir les pauvres. Aimer Dieu véritablement nous conduit à éprouver de la compassion pour le monde entier. Cet amour et les actions altruistes qu'il génère créent des vibrations qui sanctifient à la fois l'environnement et tous les êtres qui les reçoivent. Cela explique pourquoi, dans la mesure où nous sommes suffisamment réceptifs, nous percevons l'existence d'une vibration tangible autour des grands maîtres spirituels.

Il y a quelques années, un journaliste, curieux de savoir ce qu'Amma faisait de son temps libre, lui demanda : « Que faites-vous quand vous êtes seule ? » Bien sûr, en entendant la question, tout le monde s'esclaffa, car nous connaissions déjà la réponse : Amma n'est jamais seule ! Elle est toujours entourée de gens, même dans sa chambre. Elle a toujours des réunions concernant les innombrables projets caritatifs, des visites, ou tout au moins elle est en compagnie de son assistante qui ne la quitte jamais. Amma n'a aucune vie privée... Elle n'est jamais seule.

Mais à notre grande surprise, Amma répondit d'une façon claire et simple : « Je suis toujours toute seule. »

Le journaliste répliqua : « Je n'arrive pas à vous croire ! Je veux dire, qu'est-ce que vous faites lorsque tous ces gens ne sont pas là, autour de vous ? »

Amma répéta : « Je suis toujours toute seule. Qu'il y ait foule autour de moi, ou qu'il n'y ait personne, je suis seule. Je vois chaque chose comme une extension de moi-même ; tout n'est qu'une seule et même conscience. »

Comme il ne comprenait toujours pas, le journaliste fit quelques suggestions : « Quand vous êtes seule, est-ce que vous lisez, ou bien est-ce que vous naviguez sur Internet ? « Ses questions déclenchèrent à nouveau les rires de ceux qui connaissaient bien Amma. Amma naviguant sur internet ? Est-ce que vous pouvez l'imaginer? Sûrement pas.

Amma répondit calmement : « L'Internet extérieur est une manifestation de l'Internet intérieur. J'ai à l'intérieur de moi l'Internet suprême, alors oui, je navigue sur celui-là. » Elle voit toute chose comme la manifestation de Dieu, de son soi Suprême, ce qui veut dire que rien n'est séparé d'elle.

Essayons de voir le monde comme le voit Amma. Même au début, je n'allais pas souvent au darshan ; j'observais les darshans des autres et souvent, en les regardant, je m'imaginais que j'étais la personne blottie dans les bras d'Amma ; cela me rendait heureuse. Si, une fois la jalousie dépassée, nous sentons que nous *sommes* la personne en train de recevoir l'amour d'Amma, et que nous sommes heureux pour elle, c'est un bon moyen d'enrichir profondément notre vie. Ensuite, il s'agit de partager cette expérience, ce sentiment que nous sommes tous reliés les uns aux autres. Car en vérité, nous *sommes vraiment* tous les autres...

Amma offre sa vie, sa sagesse, et sa compassion infinie à quiconque désire en profiter. Elle se fond totalement en nous lorsqu'elle nous touche, rit avec nous, nous chante des chansons. Elle voit tous les êtres comme une extension de son propre Soi. Elle n'est pas un être humain ordinaire, mais l'incarnation de l'Amour poussé à son plus haut degré.

Chapitre 10

Sous le détachement intérieur se cache l'amour

« Le monde entier et tout ce qu'il contient sont là pour que nous l'utilisions – pas pour que nous les possédions. Mais nous avons oublié le mode d'emploi du monde. Au lieu de l'utiliser correctement, nous attendons de lui qu'il fasse notre bonheur. »

Amma

L'altruisme qui nous pousse à donner fait naître en nous une joie pure, et en nous incitant à servir les autres sans attendre de récompense, il nous apporte la paix de l'esprit. L'idéal serait de vivre en aimant tous les êtres, tout en gardant un certain détachement. Si nous attendons du monde extérieur qu'il nous donne le bonheur, ce que nous avons souvent tendance à faire, nous serons déçus et nous y trouverons plutôt la frustration et le chagrin. Seuls la compassion et le détachement engendrent un bonheur durable.

La plupart des gens ne comprennent pas ce qu'est le vrai détachement. Etre détaché intérieurement ne veut pas dire qu'on délaisse les objets, ni qu'on refuse de les utiliser. Cela ne veut pas dire non plus qu'on refuse l'amour ou l'intimité d'une relation (et certainement pas qu'on se prive de chocolat !). Le détachement réel se manifeste par un sentiment de compassion profond et radical. Il est le fondement de l'amour sincère, il est abnégation de soi. Et il implique que l'on saisisse la nature fondamentale des objets et des relations, et le fait que rien ni personne peut nous apporter un bonheur durable.

Si l'on s'attache à quelqu'un ou à quelque chose, c'est que l'on espère à travers eux atteindre le bonheur. Cette erreur de compréhension entretient en nous des espérances et des désirs. Tout attachement est cause de souffrance (surtout si nous mangeons trop de chocolat !). Dès que nous attendons quelque chose de quelqu'un, nous sommes dans l'attachement, pas dans l'amour. Souvent, ce que nous appelons « amour » n'est qu'une forme de relation basée sur l'échange : « Tu me donnes ce que je désire, et je te donnerai ce que toi tu désires. » Le vrai détachement, au contraire, nous permet d'aimer les autres sans conditions, et de les servir sans rien attendre en retour. Mais il est extrêmement difficile d'aimer les autres avec une sincérité totale.

Les résidents de l'ashram qui sont allés construire des maisons pour les pauvres, notamment après le Tsunami indien de 2006 en ont bien pris conscience ; ils ont souvent été la cible d'insultes verbales et de harcèlement venant de personnes qu'ils essayaient d'aider. En rentrant à l'ashram pour faire leur rapport à Amma, ils se sont plaints à elle des difficultés rencontrées sur place : « Amma, pourquoi devrions-nous aider de telles gens ? Ils ne lèvent pas le petit doigt pour nous aider, ils ne font pas le moindre travail. Ils n'ont aucune gratitude pour notre labeur ! » Amma leur a expliqué que le comportement de ces gens-là ne faisait que révéler leur nature. En retour, les résidents de l'ashram, en tant que chercheurs spirituels, devaient eux aussi se comporter selon leur vraie nature. Ils devaient montrer l'exemple des valeurs enseignées par Amma.

Une histoire traditionnelle illustre ce point en décrivant le comportement d'un homme qui essaye de sauver un scorpion de la noyade ; l'homme plonge la main dans l'eau pour saisir le scorpion, mais chaque fois qu'il essaye de le sauver, il se fait piquer. En voyant cela, quelqu'un lui demande pourquoi il continue à vouloir sauver cette créature, malgré les piqûres qu'elle lui inflige. Il répond que si la nature du scorpion est de piquer, la sienne est d'aider les autres, quelles que soient les conséquences. Cet homme savait qu'en aidant les autres, on atteint le Ciel.

Si nous attendons de la reconnaissance pour nos bonnes actions, nous serons continuellement déçus. Il vaut mieux tirer sa satisfaction de la bonne action en soi. N'importe quelle action, si nous la faisons avec enthousiasme et avec la bonne attitude, se transforme en une belle expérience. La bonne action en elle-même nous procure du plaisir, même si personne ne sait ou ne voit jamais ce que nous avons fait.

La possessivité et le désir excessif d'être aimé sont des formes d'attachement qui mènent à la déception. Par son exemple, Amma nous montre comment avoir de la compassion pour tous, même pour ceux qui sont cruels envers nous. Elle n'offre qu'amour et pardon à tous, même à ceux qui ont publiquement menti à son propos ou qui ont essayé de la tuer. Elle nous enseigne comment aimer tous les êtres, sans se soucier de l'opinion ou des sentiments qu'ils ont à notre égard. Bien entendu, ce niveau de détachement n'est pas facile à atteindre.

En revanche, aimer tout le monde ne veut pas dire accorder sa confiance de façon aveugle. Continuons à utiliser notre jugement pour adapter nos réactions aux diverses situations. Un jeune homme est venu me voir un jour en me décrivant un incident qui lui était arrivé une nuit qu'il était à Mumbai. Il n'était pas tout à fait sûr d'avoir bien réagi. Un voleur s'était approché de lui dans la rue, lui avait mis un couteau sous la gorge et lui avait réclamé tout son argent. Mais au lieu d'obéir, le jeune homme avait saisi le couteau, frappé le criminel au visage (en lui cassant le nez), et puis s'était enfui en courant, et avait gardé le couteau en souvenir. Bien sûr, dans ce cas-là, je confirmai au jeune homme qu'il avait fait exactement ce qu'il fallait.

Il est parfois important de se battre pour ce qui est juste. Les obstacles sont inévitables dans la vie ; face à eux, nous devons garder une attitude appropriée et apprendre à les surmonter avec aisance. Ce jeune homme n'avait pas éprouvé de colère envers le criminel qui essayait de le voler. En choisissant de se défendre, il avait en réalité fait preuve de compassion, incitant peut-être ainsi le voleur à réfléchir sérieusement sur le choix de sa profession.

Essayons de comprendre la nature des gens. Nous avons tous des défauts. Si nous gardons cette idée à l'esprit, il sera plus facile d'avoir de la compassion et de pardonner, au lieu de condamner et de juger les autres pour les limites qu'ils ont forcément. Soyons conscients de cette vérité, et nous pourrons éprouver de l'empathie envers tous, puis atteindre finalement l'état suprême de l'amour inconditionnel.

Lorsqu'ils viennent à l'ashram d'Amma, les gens pensent parfois que puisque c'est un lieu saint, tous ceux qui y vivent sont gentils

et calmes, dédiés à leurs pratiques spirituelles.
Peut-être en aurez-vous la confirmation, jusqu'à
ce que vous alliez chercher votre tasse de thé et
vous positionner dans la file d'attente du chai.
Là, vous observerez sans doute des comportements qui n'ont rien de bien saint. Tout obstacle à la satisfaction d'un désir soulève la colère
de l'ego. Telle est la nature de l'ego, du monde,
et il faut le comprendre. Lorsque les désirs se
réveillent, notre humeur change, nous sommes
mécontents.

Comme le dit Amma : « Il ne s'agit pas
de transformer une grenouille en éléphant, ni
un éléphant en grenouille. » Essayez de voir
les autres tels qu'ils sont, et non comme vous
aimeriez qu'ils soient. Quand nous allons au zoo
voir des animaux sauvages comme les lions et
les tigres, nous ne nous approchons pas. Nous
restons à bonne distance et les admirons. Il serait
dangereux de trop s'en approcher. Cela vaut
également pour les circonstances extérieures ;
laissons toujours une certaine distance entre
nous-mêmes et les événements extérieurs, en
cultivant une attitude de témoin. Ainsi, nous

resterons intérieurement calmes et paisibles, quelles que soient les circonstances extérieures.

Le détachement intérieur nous permet de jouir du monde sans être affecté par les hauts et les bas que nous traversons. Il y a toujours des gens que nous aimons, incroyablement gentils, et d'autres envers qui nous éprouvons de l'aversion car ils sont pénibles à vivre. Il sera plus facile d'éprouver de l'empathie envers ceux que nous n'aimons pas si nous prenons la peine de connaître leur histoire personnelle et les problèmes, les douleurs et les souffrances qui les affectent. Cette démarche nous permettra de développer et d'exprimer la compassion qui est en nous. Nous constatons souvent que ceux qui nous dérangent ont eu des vies extrêmement tristes ou difficiles.

La plupart du temps, nous n'avons pas conscience de la profondeur des souffrances des autres et nous les jugeons mal. Ceux qui ont des comportements difficiles ont peut-être été autrefois maltraités, ou bien leurs parents ne leur ont pas donné assez d'amour. Amma dit que si un bébé n'a pas été conçu avec amour, il y a des risques qu'il se développe mal, même dans le ventre de sa mère. Quelqu'un qui a eu des parents alcooliques ou drogués est souvent blessé à vie et ne peut jamais oublier sa souffrance. En élargissant notre point de vue, nous comprenons mieux les différentes situations et nous cessons de porter des jugements ; nous nous libérons ainsi de modes de pensées qui nous enchaînent.

Amma nous dit : « Ne fonctionnez pas comme un appareil photo, mais comme un miroir. » Reflétez, laissez passer, soyez détachés. Amma ne se laisse jamais affecter par des émotions négatives ; elle est un pur reflet qui observe avec amour et nous renvoie notre propre image. Elle ne garde rien, laissant tout passer à travers elle, sans aucun jugement. Nous, au contraire, nous ressemblons à des appareils photo ; nous prenons des clichés de chaque scène pour les utiliser ensuite comme preuves à charge. L'incroyable liberté qui jaillit du détachement permet à Amma de faire ce que personne d'autre ne pourrait faire : aimer tous les êtres sans condition et étreindre des milliers de gens, les uns après les autres.

Dans notre vie quotidienne, efforçons-nous de comprendre les autres correctement et d'aimer tout le monde, sans rien attendre. Amma nous demande de comprendre les autres, leurs situations, les circonstances de leur vie, leur constitution mentale, puis de les servir.

Chapitre 11

Favoriser le développement de la liberté intérieure

> « *La haine n'arrête pas la haine ;
> seul l'amour peut la guérir.* »
>
> *Parole bouddhiste*

Il est impossible de croître et de progresser sans oublier les expériences douloureuses du passé. Seul le pardon peut guérir notre souffrance. Les gens qui nous font du mal agissent ainsi principalement parce qu'ils souffrent. Une fois que nous avons acquis assez de compassion pour voir ce qui se cache derrière les apparences, nous nous rendons compte des immenses dégâts causés par la souffrance, dans d'innombrables vies. Ces cycles de souffrance se perpétuent jusqu'à ce que nous réussissions à nous libérer de la prison de nos représentations mentales et que nous apprenions à pardonner. Savoir pardonner est une preuve de grandeur, surtout si la personne est réellement fautive.

Le châtiment divin frappera à coup sûr ceux qui nous font souffrir, mais il faut à tout prix éviter de nous charger personnellement de son application. Vouloir se venger ou punir ceux qui nous ont blessés est contraire à nos intérêts. Nous vivons tous dans la dynamique de nos propres cycles karmiques, ce qui veut dire que les souffrances que nous infligeons à autrui nous reviendront un jour ou l'autre – alors pourquoi se préparer un avenir malheureux en cherchant à se venger ? Utilisons plutôt les expériences difficiles que nous traversons comme des leçons. Qui peut savoir ce que nous avons fait dans d'autres vies pour endurer aujourd'hui ces souffrances?

Amma donne l'exemple suivant. Imaginons qu'en marchant dans le noir, nous trébuchions sur une branche épineuse ou sur un bout de fil de fer barbelé. Nous allons nous blesser, c'est évident. Mais au lieu d'ôter les épines ou les barbelés pour soigner nos blessures, nous préférons nous y accrocher et leur crier: « Vous m'avez fait mal, laissez-moi, laissez-moi ! » En réalité, c'est nous-mêmes qui nous y accrochons. Nous causons notre souffrance et ne sommes pas prêts à en relâcher l'étau. Pour notre bien, il suffirait de lâcher prise, ce que nous serons contraints de faire un jour ou l'autre. Alors pourquoi ne pas le faire au plus vite, avant d'être trop marqué par toutes les souffrances et les traumatismes que nous nous infligeons ? A quoi bon tarder ? Pourquoi ne pas se libérer en pardonnant ?

Il est dans notre propre intérêt d'apprendre à pardonner. Nous ne connaîtrons peut-être jamais les causes des souffrances que nous avons dû endurer. Il y a des choses que nous ne saisirons jamais, des mystères auxquels nous n'aurons jamais accès. Pour guérir, acceptons l'idée que ces souffrances étaient la conséquence de notre *karma* (loi des causes et effets), et pardonnons à ceux qui ont été envoyés comme messagers divins pour nous les apporter.

Lors d'un satsang sur le Nouvel An donné sur la plage d'Amritapuri un après-midi, Amma nous dit qu'au lieu de prendre des résolutions pour l'année à venir, nous ferions mieux de faire des efforts pour pardonner. Elle ajouta que si nous nous étions disputés ou si nous avions arrêté de parler à quelqu'un, nous devions être les premiers à présenter nos excuses et à demander pardon. Elle avait déjà donné ces mêmes conseils dans d'autres satsangs, disant que si notre famille était brouillée avec certains de ses membres, il nous appartenait de faire le premier pas vers les exclus et de leur pardonner.

Lors du satsang sur la plage, un dévot comprit sans enthousiasme ce qu'il devait faire. Pendant qu'il continuait à écouter le satsang, il envoya depuis son téléphone portable un message électronique à son beau-père, en s'excusant pour les problèmes relationnels qu'ils avaient eus. Il lui demandait pardon, lui disait que malgré les vingt ans qu'ils avaient passés à se disputer, il avait envie de repartir sur de nouvelles bases. Extrêmement touché par ce mail et submergé de joie, son beau-père accepta aussitôt de prendre un nouveau départ. Quelques mois plus tard, lorsque ce dévot fit le voyage pour aller voir sa mère et son beau-père, il apprit qu'on avait diagnostiqué chez ce dernier un cancer en phase terminale, et qu'il n'avait plus que quelques mois à vivre.

Après leur réconciliation, les liens qui les unissaient s'épanouirent à tel point que ce dévot prit soin de son beau-père pendant les derniers mois de sa vie. C'est lui qui, à la fin, était assis à côté de son lit, et qui lui a tenu la main quand il est mort. Les moments précieux et réparateurs qu'ils passèrent ensemble transformèrent leur relation en un magnifique voyage spirituel dont ils bénéficièrent tous les deux.

Apprenons à prier pour ceux qui nous font du mal, pour avoir le courage de leur pardonner et pour qu'ils aient la force de supporter les souffrances causées par leurs actions. Laissez tomber les épines, embrassez plutôt le pardon. Si vous y réussissez, alors, sans l'ombre d'un doute, la vie vous embrassera à son tour avec beaucoup de douceur.

Une autre personne raconte son expérience, après avoir suivi un conseil similaire donné par Amma pendant un satsang.

« Mon plus jeune frère a longtemps travaillé dans le World Trade Center. Il y était le jour où les tours ont été attaquées.

Le premier avion a percuté la tour où il se trouvait, mais il a réussi à s'enfuir avec certains de ses collègues. Ils tentaient de se réfugier dans la seconde tour quand le deuxième avion est arrivé. A nouveau, ils ont réussi à s'enfuir et à échapper à la mort.

Mais pendant tout le reste de la journée nous ne savions pas s'il avait survécu, car aucune communication ne passait. Par la suite, mon frère n'a jamais voulu parler de ce traumatisme et de sa souffrance. Il ne voulait pas voir de psychologue, ni en parler avec sa femme ou avec moi. Il faisait comme si rien ne s'était passé. Je savais qu'il souffrait, mais j'ignorais comment l'aider.

Amma nous dit d'aimer les membres de la famille qui souffrent, mais il y avait une grande distance entre mon frère et moi, due à des problèmes familiaux, et nous n'avions pas eu de contact régulier depuis quinze ans. J'ai entendu le satsang où Amma nous disait d'écrire aux membres de notre famille avec qui nous étions brouillés, de prier pour eux, et de leur dire avec gentillesse que nous les aimions. Elle disait que même si nous ne savions pas quoi dire, nous devrions leur envoyer un mail ou une courte lettre, exprimer notre amour et notre inquiétude pour eux. Là, dans la salle, elle nous a même fait promettre à haute voix d'écrire aux membres de notre famille avec qui nous étions fâchés. Et comme je l'avais promis, pendant douze ans, j'ai écrit à mon frère.

Tous les ans, pour le onze septembre, je lui envoyais un petit texte par SMS, lui disant que je l'aimais, que je savais qu'il souffrait, et que j'étais reconnaissante qu'il ait survécu. Je lui disais aussi que j'étais à sa disposition s'il voulait me parler.

Les années passèrent, sans que jamais il me réponde. Amma nous apprend à aimer sans rien attendre en retour, alors tous les ans je continuais à envoyer mon message et à prier pour lui. Puis, il y a quelques années, le onze septembre, j'ai senti mon téléphone vibrer. Lorsque j'ai baissé les yeux pour savoir qui me contactait, j'ai vu que, pour la première fois depuis des années, je venais de recevoir un SMS de mon frère. En fait, il m'avait fait suivre tous les textos que je lui avais envoyés pendant plus de dix ans, en m'écrivant : « J'ai sauvegardé tes SMS tous les ans, pour les relire pendant l'année. Tu ne peux pas savoir à quel point ils m'ont aidé pendant tout ce temps. »

J'ai fait descendre le curseur, et j'ai relu tous les messages que je lui avais envoyés une fois par an pendant de si longues années, sans savoir s'il les lisait, s'il les aimait, ou si ces messages le réconfortaient. J'en ai pleuré. Je découvrais grâce à Amma que l'amour et la réconciliation sont plus puissants que la souffrance engendrée par le terrorisme. Comme des gouttes d'eau qui tombent sur un rocher, l'amour finit toujours par triompher. »

Nous avons le choix : aller vers toujours plus de souffrance ou bien nous élever vers le pardon et la paix intérieure. Le chemin du pardon nécessite un courage incroyable et une grande humilité - la plupart des gens ne sont pas prêts à s'engager dans cette voie héroïque. Un chercheur spirituel doit se souvenir que malgré la difficulté de l'entreprise, seul le pardon nous permet de progresser. Si l'on s'accroche au passé, cela ne nous aide pas. Celui qui désire aller vers Dieu doit apprendre à pardonner et à oublier.

Que fait une plante quand on jette du fumier à ses pieds ? Elle absorbe les minéraux contenus dans cet engrais malodorant et les utilise pour pousser. Elle ne se dit pas : « Oh, voyez ce que vous m'avez fait ! » Les plantes grandissent en absorbant uniquement les éléments nutritifs du fumier, grâce auxquels elles se couvrent de belles fleurs. De la même manière, nous pouvons utiliser le pardon pour devenir de magnifiques fleurs spirituelles, d'où émane le parfum rare de l'amour désintéressé.

Chapitre 12

Un éternel débutant

« Pour échapper aux critiques – ne faites
rien, ne dites rien, ne soyez rien. »

Elbert Hubbard

Quand nous rencontrons Amma, nous pensons parfois être très proches de la perfection et
presque au seuil de la réalisation du Soi. Mais
avec les années, les contacts avec les autres font
inévitablement remonter au grand jour nos
tendances négatives, et nous comprenons que
nous ne sommes sans doute pas aussi parfaits
que nous l'imaginions au début. Cela revient
à laver le sol de la cuisine : il semble relative-
ment propre jusqu'à ce que nous le mouillions
avec la serpillière pour le nettoyer. C'est là que
toutes les saletés apparaissent. Si nous sommes
honnêtes, nous voyons bien que la distance qui
nous sépare de la perfection est grande, un peu

comme un éternel débutant qui ne s'éloigne jamais beaucoup de la ligne de départ.

Observer ses défauts est un très bon point de départ sur la voie qui mène à l'humilité. Une fois tombée l'illusion de la perfection, nous pouvons ramasser les morceaux et être plus honnête avec nous-mêmes. Les pratiques spirituelles sont l'équivalent de la serpillière : elles nettoient les impuretés du mental. Elles nous aident aussi à devenir plus conscient, à mieux agir, et à nous perfectionner.

Il ne s'agit pas de s'arrêter net en constatant ses erreurs ; allons de l'avant, tout en apprenant à nous corriger. En cas de chute, ne restons pas prostrés au sol, inertes. Relevons-nous, rassemblons nos forces, et continuons à marcher. Nous devrions être attirés vers notre but comme des particules de fer vers un aimant, dit Amma. Poussés par l'intensité de notre désir d'union avec le Divin, relevons-nous après chaque chute et allons de l'avant.

Une jeune femme est venue récemment me confier qu'elle était triste et en colère parce qu'on l'avait blâmée pour une faute qu'elle n'avait pas commise. Elle n'était pas fautive et elle avait raison, mais je lui conseillai de ne rien dire et d'accepter la réprimande. Connaissant l'homme avec qui elle était en conflit, je savais que si elle l'affrontait, il ne cèderait jamais et que cette histoire s'éterniserait. Bien que ce ne fût pas son habitude de régler ainsi ce genre de problème, elle accepta. Quelques jours plus tard, elle me raconta que la personne qui l'avait réprimandée était venue s'excuser. L'attitude silencieuse adoptée par la jeune fille lui avait montré qu'il était dans son tort. Il regretta son comportement et comprit que c'était à lui de changer, et pas à elle.

C'est parfois plus fort que nous, nous blâmons les autres. C'est ce qui se passe quand nous refusons d'admettre que nous aussi faisons des erreurs. Imaginez avec quelle rapidité nous apprendrions l'humilité et reconnaîtrions nos erreurs si nous voyions Amma en chaque personne qui nous corrige. Si nous en étions capables, c'est avec amour que nous répondrions à ceux qui nous critiquent : « Je suis désolée, merci de me montrer où il faut que je m'améliore », et cela, même s'ils avaient tort !

Lorsque nous gardons notre sérénité en dépit des situations extérieures – aussi folles soient-elles – nous empêchons la création d'un lien karmique né de notre colère. A l'inverse, si nous choisissons de nous engager dans un conflit, il peut nous lier pendant des années, et même perdurer pendant plusieurs générations.

Apprenons à couper nos liens karmiques, à les arracher jusqu'à la racine et à résorber intégralement les conflits, sinon nous risquons de répéter indéfiniment les mêmes scénarios néfastes ; les situations et les circonstances continueront d'apparaître jusqu'à ce que nous ayons appris les leçons qu'elles nous enseignent. Comprenons les causes de nos erreurs, afin de ne plus recommencer. Nous avons tous les jours l'occasion de repartir à zéro. Quand quelqu'un nous dit que nous avons mal agi, efforçons-nous d'accepter cette critique aussi humblement que possible.

Inutile de penser : « Je commets des péchés. J'ai fait tant d'erreurs ! Je n'apprendrai jamais. Je n'arrive pas à changer. » Cette attitude est extrêmement nocive – soyons toujours prêts à recommencer. A tout instant, des bienfaits subtils descendent vers nous, mais nous ne pouvons en bénéficier que si nous cultivons une attitude positive. Ne soyons pas victimes du désespoir et de l'échec.

Il ne s'agit pas de crier vos faiblesses sur les toits ; le fait d'en parler ne servirait qu'à les ancrer et à les renforcer. Essayez juste de vous rendre compte de vos erreurs, et de les accepter silencieusement. Puis continuez votre chemin, en vous efforçant de ne pas recommencer. Efforcez-vous d'acquérir assez d'humilité pour être heureux lorsque quelqu'un d'autre vous fait remarquer vos défauts. La gratitude envers ceux qui nous corrigent est d'une très grande utilité.

Il est parfois douloureux de faire des erreurs, mais rappelez-vous que cette douleur nous évite des souffrances plus graves. Toutes nos actions ont des répercussions. N'accusons pas les autres en pensant : « C'est de leur faute, pas de la mienne ». Quand nous acceptons les conséquences de nos actes, de nombreux bienfaits se manifestent dans notre vie.

Quand nous avons fait quelque chose d'admirable ou obtenu un succès brillant, nous souhaitons en parler à tout le monde. Pourquoi pas ! Mais acceptons le fait qu'il nous arrive de commettre des erreurs. Il est parfois très difficile de l'admettre mais ne vous inquiétez pas, il y aura toujours une foule de gens pour montrer du doigt nos erreurs, nos défauts et nos échecs. La vie nous offre inlassablement des occasions de grandir en humilité.

Je me souviens de l'histoire d'un swami qu'Amma a sévèrement réprimandé parce qu'il nous faisait voyager le jour de *Vijaya Dashami* (le festival qui célèbre la victoire du bien sur le mal) pour nous rendre en Europe avec Amma. Il fallait partir ce jour-là, tôt le matin. Or c'est un festival important en Inde, qui marque une période favorable à l'initiation des enfants à l'apprentissage scolaire et Amma était peinée de voir que, contrairement à ses souhaits, elle ne pourrait pas être à l'ashram ce jour-là. Au lieu de cela, le swami avait prévu un jour de repos à notre arrivée en Allemagne. Amma n'était pas contente du tout.

Au moment de partir, elle a téléphoné au coupable depuis la voiture pour le réprimander, et lui a dit : « Pourquoi as-tu fait cela ? Pourquoi m'obliges-tu à partir en ce jour spécial ? Je voulais le passer ici avec mes enfants ! » De l'autre côté du monde, là où se trouvait le swami, il était trois ou quatre heures du matin. La communication téléphonique était très mauvaise, et il n'entendait pas bien ce qu'elle lui disait. Il comprenait qu'elle n'était pas contente de lui, mais au lieu d'en être contrarié, il se réjouissait comme d'une bénédiction de la chance qu'il avait d'entendre la voix d'Amma si tôt le matin. Sachant que tout ce qui vient d'Amma, bon ou mauvais, est de toute façon un bienfait, il était euphorique. Même en nous corrigeant elle nous montre qu'elle se soucie de nous et veut nous guider vers la perfection. La joie au cœur d'avoir entendu Amma parler, il raccrocha le téléphone, s'assit et composa un bhajan.

C'était une belle façon d'accepter son erreur. Bien entendu il s'était fait réprimander, mais ayant l'humilité de recevoir la voix du guru comme une bénédiction, il transformait une correction en musique divine. Nous aussi avons le choix de nos réactions. Préférons-nous nous disputer et laisser notre ego pointer son nez ? Ou choisissons-nous de nous abandonner, de transformer chaque situation en une magnifique mélodie offerte au monde ?

Il est impossible de contrôler les situations ou les événements. La seule chose que nous pouvons maîtriser, c'est l'attitude avec laquelle nous les accueillons. Alors efforçons-nous de tout transformer en merveilleux bhajans que l'on puisse chanter tous les soirs avec Amma.

Chapitre 13

Le monstre du mental

« Les quatre tâches les plus difficiles sur cette terre ne sont pas d'ordre physique ou intellectuel, mais relèvent du spirituel ; il s'agit de répondre à la haine par l'amour, d'inclure les exclus, de pardonner sans avoir reçu d'excuses, et d'être capable de dire : « j'ai eu tort ». »

Auteur inconnu

Face à une situation pénible, efforçons-nous de demeurer en paix. Il est très difficile de rester serein en toute occasion, mais lorsqu'on y parvient, c'est le signe certain d'une spiritualité florissante. Les vagues produites par le mental essaient constamment de nous tirer vers le bas et de nous noyer dans l'océan de *maya* (l'illusion) dans lequel le monde flotte. Ces vagues mentales sont parfois plus puissantes qu'un tsunami – elles tentent de tout détruire. Nos efforts et nos pratiques spirituelles nous aident à garder l'équilibre quand nous avons l'impression de marcher sur une corde raide, mais cela ne suffit pas toujours pour maintenir l'attitude juste lorsque la situation est compliquée. C'est pourquoi nous avons besoin des conseils d'un vrai maître spirituel.

Il peut arriver que des yogis qui ont passé des dizaines d'années à méditer dans l'Himalaya en viennent à se battre pour être servi en premier à l'heure du repas. Ils pratiquent peut-être les formes de *tapas* (austérités) les plus intenses, mais de toutes petites choses ont parfois le pouvoir de déranger les yogis les plus aguerris. Seul un guru peut graduellement éliminer les ombres tenaces de l'ego, en utilisant toute l'étendue de sa grâce.

Cette grâce, il nous faut l'obtenir, car c'est elle qui nous permettra d'ancrer notre mental dans une conscience établie dans la paix. Cette conscience est l'arme la plus efficace pour détruire les monstres tapis en nous. Pour en triompher complètement, il faut la grâce et la puissance d'un maître authentique comme Amma. Son amour et ses conseils ne manqueront pas de faire finalement disparaître nos tendances négatives et nos souffrances.

Souvent, je fais cette prière : « Puisse toute ma vie être dédiée au service d'Amma, puissé-je avoir la force de servir le monde. » Je n'ai pas sitôt fini de prier que la sonnette de mon bureau se fait entendre et que je soupire : « Qui est-ce qui vient encore me déranger ? » Je vais voir à la porte et le plus souvent, j'y trouve quelqu'un qui vient pour m'aider. Alors je regrette de m'être énervée. Je repars faire mon *seva*, et la sonnette sonne à nouveau... quelquefois dès que je me suis rassise... Et la comédie continue.

Puis je me souviens de ma prière et je me dis : « N'est-ce pas pour cela que je prie ? Voilà un bon moyen d'exaucer ma prière et de servir quelqu'un », mais j'oublie chaque fois. Amma nous rappelle constamment que, quel que soit le nombre d'années que nous avons consacrées à la vie spirituelle, nous restons toujours des débutants.

On peut vivre près d'un Mahatma pendant des décennies, mais sans l'attitude intérieure adéquate, c'est-à-dire sans sincérité et sans travail sur soi, il n'est pas possible de grandir et d'avoir l'esprit vraiment en paix. On peut rester près d'Amma pendant des années, mais à moins d'apprendre à utiliser son mental correctement, la croissance intérieure n'est pas garantie. Il ne suffit pas de rester assis à côté d'Amma, encore faut-il mettre ses enseignements en pratique.

Quand l'ashram a été créé, Amma nous demandait de passer huit heures par jour en méditation assise ; c'était extrêmement difficile. Elle a admis plus tard qu'une des raisons pour lesquelles elle nous l'avait demandé, c'était que nous accusions toujours les circonstances extérieures d'être la cause de nos problèmes. Il est très facile de tomber dans le piège de l'accusation : « Cette personne est responsable de mes ennuis ! C'est la faute de tous les autres si j'ai des problèmes ! » Mais quand nous nous asseyons pour méditer, nous sommes bien forcés de voir ce que contient notre mental. Avec un peu d'honnêteté, nous constatons que nous sommes la cause primordiale de tous nos problèmes. Amma veut nous faire comprendre qu'il faut travailler sur soi-même au lieu d'accuser les autres d'être responsables de tous nos maux.

Être en présence d'Amma et la regarder est une expérience absolument magnifique. Je sais que j'ai une chance inouïe de vivre si près d'elle. Quand nous quittons l'ashram et voyageons en camping-car sur de longues distances, Amma s'allonge parfois sur le sol pour se reposer. Comme elle n'a pas une très bonne circulation dans les jambes à cause du nombre incroyable d'heures qu'elle passe assise, je m'essaie parfois à lui masser les pieds. C'est l'un des rares petits moments de confort qu'elle s'accorde, se laisser masser les pieds de temps en temps. Et même alors, c'est d'abord à moi qu'elle pense.

Parfois, lorsque je veux lui masser les pieds en restant assise par terre, Amma allonge sa jambe vers moi en plaçant son corps dans une position totalement inconfortable pour que ce soit plus pratique et facile pour moi. Je suis alors triste de voir que pendant son seul moment de repos, elle est prête à prendre une position inconfortable pour que je sois, moi, installée confortablement.

Les vibrations qui viennent d'Amma dans ces moments-là suffisent à calmer les bêtes sauvages du mental. Il m'est arrivé de fondre en larmes en pensant à la chance que j'ai d'être physiquement proche d'elle. Par sa présence, elle peut créer des vibrations qui font disparaître le mental et apprivoisent les bêtes féroces emprisonnées en nous, au point de les transformer en adorables chatons.

Parfois, quand je lui touche les pieds, je pense à tous les gens qui m'agacent, et je m'imagine aller vers eux pour leur dire : « Je suis désolée. Je vous pardonne. » Toutes mes tendances négatives disparaissent et le désir de toujours bien me comporter et de m'abandonner en toute circonstance apparaît. Dans ces moments-là, les vibrations d'Amma génèrent en moi tant d'amour que le solide mur en fonte de l'ego se désintègre complètement.

Le problème, c'est que le mur ne tombe que temporairement. Une fois que j'ai lâché les pieds d'Amma, il se reconstruit lentement, et je me dis alors : « Oh, après tout, il n'est pas *vraiment* nécessaire d'aller parler à cette personne... »

Il suffit qu'Amma nous touche pour que toutes nos tendances négatives disparaissent. Malheureusement, nous les laissons habituellement réapparaître beaucoup trop vite. L'ego revient constamment nous hanter. Amma a le pouvoir de faire tomber les barrières intérieures qui nous bloquent, mais de notre côté, nous devons faire des efforts pour ne pas les reconstruire. Heureusement, Amma nous pardonne et nous encourage sans relâche à agir correctement, en utilisant notre discernement. Il faut des vies entières de pratique spirituelle pour réussir à canaliser le flux négatif du mental et acquérir la force et la grâce divine nécessaires pour atteindre notre but : voir et ressentir le Divin en tout ce qui existe.

Nous sommes ici sur terre pour apprendre à maîtriser notre mental afin de voir, comme Amma, la réelle beauté de la création. Arrêtons de rejeter les torts sur les autres et soyons heureux au contraire de ce que nous recevons. Les difficultés que nous rencontrons sont en réalité de belles leçons sous une forme déguisée. Tout est orchestré par le Divin pour nous enseigner à vaincre la souffrance. Le problème est que nous accordons notre confiance à l'ennemi qui essaie constamment de nous tromper : le mental ! Nous faisons de ce fou notre meilleur ami et croyons toutes les absurdités qu'il nous susurre.

Amma sait comment nous conduire à un état supérieur où nous verrons les choses avec sérénité ; il n'y a aucun doute là-dessus. Mais il est moins facile de se souvenir de cette vérité quand les nuages noirs de *maya* obscurcissent notre discernement. Selon Amma, il peut être très facile de voir et de ressentir le Divin, mais il est en revanche extrêmement difficile de ne pas tomber dans les griffes de *maya* (l'illusion).

Dites-vous : « Je veux simplement m'efforcer de vivre le moment présent en conscience et utiliser ma capacité de discernement. Tout ce qui m'arrive est fait pour m'enseigner des leçons importantes. » Même si nous avons tendance à penser que nos problèmes sont créés par les autres ou par les situations extérieures, ce n'est pas la vérité ; la totalité de nos souffrances vient des monstres cachés dans notre mental. Essayez par conséquent de contrôler ces monstres diaboliques avant qu'ils ne vous avalent. Si nous faisons l'effort conscient de les contrôler, nous finirons par acquérir la force mentale nécessaire à l'éradication définitive de nos traits de caractère négatifs.

Pour atteindre la destination finale, la réalisation de Dieu, il faut s'efforcer consciemment, pendant des vies entières, de devenir meilleur. Alors avant de quitter ce corps, pourquoi ne pas faire tout notre possible pour mener une vie vertueuse, en progressant petit à petit, à notre rythme ? Plus nous ferons d'efforts, plus ce sera facile. Si nous y consacrons toutes nos forces, soyons certains que la grâce d'Amma nous conduira finalement vers le but ultime, la réalisation de Dieu.

Chapitre 14

Amma fait disparaître toutes les tendances négatives

« Renoncer, c'est savoir adopter l'attitude juste.
Si vous êtes mentalement détaché de tout,
vous pouvez garder autour de vous le monde
entier sans que rien ne vous affecte jamais. »

Amma

Si nous arrivons à garder la tête hors de l'eau quand les vagues de l'existence menacent de nous noyer, jouer au milieu des vagues devient un plaisir. Quand nous concentrons notre attention sur la joie inhérente à la vie et réussissons à éprouver de la gratitude, y compris dans les moments les plus difficiles, la vie devient un don précieux qui nous conduit vers les sommets de la spiritualité. Pour y parvenir, renforçons en nous les qualités favorables, entraînant ainsi automatiquement la diminution des tendances négatives. Faire disparaître notre égoïsme en totalité n'est pas chose aisée.

Le seul moyen de se libérer des souffrances mentales et des démons qui nous habitent est de les voir tels qu'ils sont vraiment. Notre vraie nature est l'amour pur – mais il est difficile, et presque impossible, d'aimer les autres quand ils nous agacent ou déclenchent notre colère. Une jeune fille de ma connaissance a admis que lorsqu'elle est en colère contre quelqu'un, elle rêve de lui arracher les yeux. Dans le monde actuel, un grand nombre de gens entretiennent des fantasmes violents ; même les écritures hindoues mentionnent cette violence, avec l'histoire d'un yogi qui entra dans une telle colère qu'il réduisit un oiseau en un tas de cendres rien qu'en le regardant.

Il est important de cultiver le détachement quand ces *vasanas* (tendances négatives) se manifestent en nous. Remarquons-les, transformons-les et prenons garde à ne pas nous haïr à cause d'elle. Se dire : « Je suis horrible car j'ai tel ou tel défaut », ne fera que nous lier davantage à ces aspects négatifs de notre personnalité. Essayez d'analyser comment vous devez changer, appliquez-vous à mettre ces changements en pratique, mais sans colère contre vous-même. Détendez-vous – tout le monde a des défauts, faites seulement de votre mieux pour les éliminer.

Il est impossible d'aimer tout le monde en permanence, mais nous pouvons néanmoins essayer de ne pas nous mettre en colère contre ceux qui nous irritent. Seuls l'ego et la colère bloquent le jaillissement du flot de l'amour pur en nous. Si nous laissons la conscience remplir la totalité de l'espace du mental, il n'y aura plus aucune place pour la colère. En restant conscient du Divin à chaque instant, nous affaiblirons les tendances négatives jusqu'à ce qu'elles se dissolvent. Elles ont cette capacité de disparaître en un éclair quand on les remplace par une pensée positive.

Il y a quelques années, lors de notre tournée à l'île Maurice, nous étions accompagnés par un jeune adolescent qui était parfois très polisson. Quelqu'un finit un jour par le réprimander en lui disant : « Ce n'est pas bien ! Tu es vraiment méchant ! Tu ne devrais absolument pas te comporter ainsi ! » Je m'imaginais en observant cette interaction que le garçon allait terriblement s'énerver, mais il restait calme, détaché et souriant. J'étais très impressionnée qu'il arrive à se contrôler ainsi. En effet, il est extrêmement difficile pour les adolescents de rester calmes et silencieux (surtout quand on les gronde), mais au lieu de se mettre en colère, ce garçon garda le silence pendant tout le temps que dura la réprimande.

Plus tard, on m'expliqua qu'il avait découvert un Pizza Hut dans les environs, et que juste avant de se faire disputer, il était allé s'acheter une pizza et une boisson gazeuse pour les manger sur les lieux du programme. Il était si heureux de manger autre chose que de la nourriture indienne qu'il ne s'était même pas laissé troubler par les remontrances. Il mordait dans sa pizza, et tout en laissant passer le sermon, il ne cessait de sourire en se disant : « Tu peux me dire n'importe quoi, ça m'est égal, parce que j'ai ma pizza, et que là maintenant, je suis heureux. » J'appréciai quant à moi cet exemple charmant qui illustre si bien ce que signifie « vivre dans le moment présent. ».

C'est ainsi que nous devrions considérer la vie. Nous avons Amma, c'est-à-dire que nous avons tout ce qu'il nous faut, infiniment plus que la plupart des gens. Nous sommes en compagnie du plus grand Mahatma qui ait jamais existé. Efforçons-nous de voir la vie comme ce jeune garçon voyait sa pizza ; en poussant un peu, on pourrait dire qu'Amma est notre « pizza de luxe avec tous les ingrédients sur la garniture ! ».

La vérité est très simple, mais très facile à oublier : le mental tente toujours de nous duper. Il ne faut jamais se lier d'amitié avec le mental fluctuant car il tire toujours notre conscience vers le bas et vers la négativité, comme la gravité terrestre attire notre corps. Pour le décrire, prenons l'exemple d'un seau plein de crabes : si un crabe essaie de grimper pour s'échapper, les autres crabes l'attrapent et le tirent vers le bas avec ténacité. Si ceux qui sont en bas du seau ne peuvent pas fuir, ils ne permettront à aucun autre de le faire. C'est un exemple classique, connu sous le nom de « syndrome du crabe ». Si nous sommes coincés dans le piège de la misère et de l'agitation, savoir que d'autres sont aussi malheureux que nous est la seule chose qui apaise un peu notre mental.

En Occident, de nombreux courants de la psychologie classique proposent de plonger dans les émotions, en s'autorisant à les observer et à les ressentir aussi profondément que possible. Mais les pensées et les émotions fluctuent, basées sur les changements constants du mental lui-même enraciné dans *maya*. Elles changent sans cesse. Alors pourquoi leur accorder autant d'importance ? En se complaisant dans les pensées et les émotions, on les renforce et on augmente leur emprise.

Je connais une étudiante qui, après avoir étudié la psychologie pendant quelque temps, sentait que son mental était bien plus perturbé qu'auparavant. Après une année passée à travailler avec un thérapeute qui l'encourageait à creuser en profondeur dans ses pensées et ses émotions, son mental devint si agité qu'elle dut se résoudre à prendre des médicaments pour pouvoir dormir la nuit. Comme les vagues de l'océan qui roulent vers le rivage, nos émotions sont en perpétuel changement. Ne leur accordez pas une importance indue, ou bien elles vous entraîneront Dieu sait où. Restez détaché, et regardez depuis le rivage les vagues qui s'échouent et se retirent.

J'ai remarqué que si je passe la plus grande partie de mon temps occupée, en me concentrant sur le travail désintéressé qui m'est assigné, sans me laisser importuner par mes émotions, je suis assurée d'être totalement prise en charge et guidée. Nous avons tendance à croire qu'il faut toujours penser, ressentir, être relié à ses émotions, toujours changeantes et éphémères. Mais quand nous pensons trop, nous sommes facilement entraînés dans un monde qui est loin d'être merveilleux, rempli au contraire de problèmes imaginaires. Nous sommes brassés dans les tourbillons noirs et troubles d'un océan de pensées, et sans cesse projetés contre les rochers. Il vaut bien mieux canaliser son énergie dans une direction positive ou répéter son mantra, plutôt que d'aller se perdre dans des pensées illusoires et trompeuses.

On dit que Dieu a tout créé sauf l'ego. L'ego est une création humaine, ce qui explique pourquoi il a tant de force. Nous ne pouvons pas le vaincre tout seuls – sa proximité nous empêche de le voir clairement. Comme une ombre, il nous suit dans toutes les situations. Il n'existe qu'un seul moyen de le dissoudre définitivement, c'est la grâce d'un maître spirituel ayant atteint la perfection.

Si nous prenons Amma comme guide, nous sommes pratiquement assurés que les jours de notre ego et de ses perturbations sont comptés. Certains affirment que l'on n'a pas besoin d'un maître spirituel et qu'il est possible d'atteindre la libération tout seul, mais ce n'est pas une vérité applicable à la majorité des gens. Le pourcentage de ceux qui peuvent se dispenser d'un maître et faire le chemin seuls est très très faible. La plupart d'entre nous n'y sommes pas prêts. Ce qui est formidable avec notre guru, c'est qu'elle peut nous dissocier de notre ego et nous délivrer des souffrances et des douleurs pour les remplacer par l'amour.

Chapitre 15

Le service désintéressé conduit à la grâce

« Tout cela est vraiment très simple. Il n'y a pas à choisir entre être bienveillant envers soi-même ou envers les autres ; c'est exactement la même chose. »

Piero Ferrucci

Amma nous rappelle que le soleil n'a pas besoin de la lumière d'une bougie, et qu'il en va de même pour Dieu. Il n'a pas besoin que nous lui offrions quoi que ce soit, car c'est Lui qui donne tout. Comprenons que nos bonnes actions et notre travail désintéressé ne servent que notre seul intérêt. Ceux qui s'engagent dans le travail désintéressé et assimilent les principes spirituels attirent sur eux la grâce, même s'ils n'adhèrent à aucune « religion ». Une des plus grandes leçons que j'ai apprise d'Amma est que le travail désintéressé crée un canal par où passe la grâce divine.

Si quelqu'un vient vous demander « Pouvez-vous m'aider ? », aidez-le. C'est Dieu qui vient en cachette vous donner une chance d'ouvrir votre cœur et de faire taire votre égoïsme. Le plus souvent, il est assez simple d'aider. Cela n'exige que peu de temps et d'effort, et nul ne sait quelle grâce cette action peut attirer. En aidant les autres vous obtiendrez plus de bienfaits que si vous passiez des semaines entières à méditer. Ce sont les petites tâches toutes simples, faites par altruisme et qui n'ont rien de bien sensationnel qui invitent la grâce. Amma nous a dit maintes et maintes fois que son attention revient souvent sur ceux qui apportent innocemment leur aide, surtout lorsqu'ils n'y sont pas obligés.

Pendant le voyage vers la Hollande, lors du tour d'Europe 2013, il était prévu que nous nous arrêtions près d'un lac en fin d'après-midi pour qu'Amma nous serve un dîner, assez tôt dans la soirée. Le menu était déjà prévu : des frites et un dessert indien fait de boulettes de riz cuites à la vapeur et fourrées d'un mélange sucré. Pendant que nous attendions l'arrivée des bus qui transportaient les bénévoles, l'équipe des cuisiniers commença à préparer le dîner. Ils installèrent les réchauds en plein air, sur l'herbe, et firent chauffer l'huile dans de grands bacs pour y faire cuire les frites. Nous attendîmes l'arrivée des bus pendant plus d'une heure, mais pendant ce temps-là, l'après-midi clément avait tourné en une sombre et froide soirée, et un vent terrible s'était levé. Amma décida qu'il valait mieux écourter la soirée et reprendre la route jusqu'à l'endroit où avait lieu le programme néerlandais.

Alors que nous quittions le parc en voiture, je remarquai que les cuisiniers étaient toujours dehors, devant leurs pots d'huile bouillante posés sur le feu, et entourés de tous les ingrédients. J'eus vraiment pitié d'eux, me demandant comment ils allaient faire pour transporter sans danger ces récipients remplis d'huile bouillante. Je ne sais pas comment ils s'y prirent, mais en tout cas ils y parvinrent.

Une fois sur le lieu du programme, Amma décida de distribuer à manger à toutes les personnes présentes, soit plus de quatre cents. L'équipe de cuisiniers fit cuire les frites et prépara le repas en un temps record, puis Amma servit le dîner, pour le plus grand bonheur de tous. Pour beaucoup, c'était la première fois qu'ils avaient la chance d'être servis par un maître spirituel (la tradition voudrait que ce soit le disciple qui serve le maître, mais Amma n'obéit jamais à ce précepte ; c'est toujours elle qui nous sert et non l'inverse). En fin de soirée, juste avant de se lever pour partir, Amma se pencha pour prendre la main de l'homme pour lequel j'avais éprouvé le plus de compassion, le cuisinier-en-chef qui avait organisé tous ces préparatifs pénibles. Elle lui prit la main et l'embrassa avec amour sans aucune raison apparente. Il était aux anges.

Quand nous n'attendons rien en récompense de nos actes, ce que nous recevons dépasse tout ce que nous pourrions imaginer. Il n'est pas nécessaire qu'Amma nous voie travailler, ni qu'elle sache ce que nous faisons ; sa grâce nous parvient spontanément au bon moment. C'est une des plus belles leçons : quand nous donnons, nous recevons bien plus en retour. Que restera-t-il finalement à celui qui passe sa vie à prendre ? Une fois que nous avons fait l'expérience de la valeur du don, notre cœur se remplit naturellement de joie. Nous sommes mille fois récompensés.

Lorsque nous cessons de ne penser qu'à nous pour nous intéresser aux autres, il devient évident que le Divin nous donne tout ce dont nous avons besoin. Nous ne recevrons peut-être pas tout ce que nous désirons, mais en regardant avec les yeux de la foi, nous constaterons que nos besoins sont toujours satisfaits. Si quelque chose nous manque, c'est que le Divin veut nous enseigner une précieuse leçon.

Un dévot qui fait beaucoup de *seva* m'a récemment raconté ce qui lui était arrivé quand il avait eu besoin de remplacer son maillot de bain qui se désintégrait. Un jour, l'assistante d'Amma l'appela d'une façon totalement inattendue, pour lui dire qu'Amma avait quelque chose pour lui. Il était un peu déconcerté... se demandant ce qu'Amma pouvait bien avoir pour lui. On lui donna alors un petit paquet dont il retira l'élastique pour voir ce qu'il contenait, et il y trouva son ancien maillot de bain, celui qu'il avait perdu à la piscine deux ans auparavant ! Un dévot de l'Ile Maurice l'avait rapporté à Amma, disant que ce maillot avait été oublié sur l'île lors d'un programme (un mystère absolu planait sur la manière dont son ancien maillot de bain s'était retrouvé sur l'Ile Maurice). Et Amma, à son tour, le lui rendait... juste à temps. Il s'était ainsi rendu compte qu'elle nous donne toujours tout ce dont nous avons besoin, exactement au bon moment.

Acceptez sans résister ce qui arrive, et soyez content de ce que vous avez. Souvenez-vous que le Divin prend toujours soin de nous. Il n'y a pas de meilleure ligne de conduite.

S'il nous semble parfois que nos besoins ne sont pas satisfaits ou que nous souffrons sans raison, alors que nous nous comportons vraiment bien, souvenons-nous que nos expériences actuelles sont le résultat de nos actions passées.

Soyons assez forts pour affronter les situations en nous souvenant que toutes les épreuves sont des bienfaits sous une forme déguisée. La rébellion contre les événements engendre une souffrance permanente. On se prend à penser : « Non, c'est faux, c'est une erreur. Ce n'est pas bien, ce n'est pas juste ! » Mais rappelez-vous que tout ce qui arrive est là pour *nous* aider à grandir et mettre en valeur nos talents cachés.

Si nous gardons cela à l'esprit, le chemin de la vie sera beaucoup plus facile.

Si nous sommes bienveillants envers autrui, cette bonté nous reviendra un jour. Il est impossible de changer le passé. Toutes les actions que nous avons accomplies ont causé des réactions qui nous parviennent dans le présent. Ce qui doit advenir maintenant est inéluctable, mais nos actions présentes déterminent notre avenir. Nous ne pouvons pas effacer le passé, mais si nous comprenons le fonctionnement de la loi du karma, nous maîtriserons nos réactions négatives.

Si nous prions et nous efforçons de changer nos mauvaises habitudes en faisant le bien autour de nous, alors la grâce du *satguru* (celui qui a atteint l'éveil) peut atténuer le mauvais karma qui nous était destiné. Amma n'enlèvera peut-être pas tous les effets négatifs de notre karma, car il faut parfois souffrir pour apprendre certaines leçons importantes, mais elle peut réduire nos souffrances de façon significative si nous faisons des efforts sincères.

Le Divin donne toujours à chacun exactement ce dont il a besoin. Lorsque nous faisons correctement nos pratiques spirituelles et prions pour les autres avec abnégation, nous cultivons un état d'esprit qui nous permet de nous souvenir de cette vérité. C'est ce qu'il y a d'extraordinaire dans le service désintéressé : en donnant aux autres, on reçoit infiniment plus.

Chapitre 16

Le Divin prendra
toujours soin de nous

*« Si nous nous occupons d'aujourd'hui,
Dieu s'occupera de demain. »*

Mahatma Gandhi

Ayez confiance et sachez que le Divin sait exactement comment prendre soin de chacun. Parmi toutes les créatures, l'être humain est le seul à s'inquiéter constamment du lendemain. Une fois la certitude acquise que le Divin s'occupera toujours bien de nous, nous pourrons enfin mettre notre énergie au service des autres.

Dans la Bible, Jésus dit : « Voilà pourquoi je vous dis : Ne vous inquiétez pas de ce que vous mangerez, ni de quoi vous vêtirez votre corps. La vie n'est-elle pas plus que la nourriture, et le corps plus que le vêtement ? Regardez les oiseaux du ciel : ils ne sèment ni ne moissonnent, ils n'amassent point dans des greniers ; et votre Père céleste les nourrit ! Ne valez-vous pas mieux qu'eux ? Et qui d'entre vous peut, par son inquiétude, prolonger tant soit peu son existence ? Et du vêtement, pourquoi vous inquiéter ? Observez les lys des champs, comme ils croissent ; ils ne peinent ni ne filent, et je vous le dis, Salomon lui-même, dans toute sa gloire, n'a jamais été vêtu comme l'un d'eux ! Si Dieu habille ainsi l'herbe des champs, qui est là aujourd'hui et qui demain sera jetée au feu, ne fera-t-il pas bien plus pour vous, gens de peu de foi ! Ne vous inquiétez donc pas, en disant : « Qu'allons-nous manger ? Qu'allons-nous boire ? De quoi allons-nous nous vêtir ? » (Matthieu, 6, 25-32)

Il y a plusieurs années, un homme qui avait une très grande dévotion apprit qu'il allait probablement être licencié. Comme les postes d'ingénieur étaient difficiles à trouver à cette époque-là, il savait que seule la grâce pouvait l'aider à retrouver un emploi. Amma était alors en tournée en Europe, et pour la contacter, il rechercha sur internet dans quelle ville elle se trouvait et appela le numéro de téléphone qu'il trouva dans la liste des contacts. Il savait que les chances étaient très minces que la personne en question réponde au téléphone, car en tant qu'hôte, elle devait être très occupée à gérer la venue d'Amma dans sa ville. Cependant, quand il appela, l'hôte répondit aussitôt. Il demanda s'il pouvait parler à un certain Swami, qui « par hasard » se trouvait juste à côté du téléphone. Le Swami prit l'appel et assura ce dévot qu'il informerait Amma de la perte de son travail.

Cinq minutes après, cet homme reçut de son directeur la confirmation officielle qu'il allait effectivement perdre son poste. Il s'empressa de rappeler le Swami, qui lui raconta que dès qu'il était entré dans la chambre d'Amma, elle lui avait dit, avant même qu'il ait eu le temps de lui parler de ce problème : « Mon fils ingénieur t'a appelé ; il s'inquiète pour son travail. » Puis elle avait ajouté : « Il ne devrait pas s'inquiéter ; je vais m'occuper de tout. »

Ayant une totale confiance en Amma et sachant qu'elle s'occuperait de lui, il décida d'utiliser son temps libre pour aller faire du *seva* à l'ashram de San Ramon. Pendant qu'il travaillait là-bas, la femme d'un ingénieur, de passage à San

Ramon, lui demanda s'il connaissait quelqu'un qui cherchait du travail. Elle voulait engager un ingénieur dont le profil professionnel correspondait exactement au sien

Sans même que nous le demandions, nos besoins sont satisfaits. Apprenons à accepter dans la confiance et la foi, sans demander plus, et nous constaterons alors que nous recevons constamment un flot de bienfaits.

Le Divin nous aime vraiment et Il sait ce qui est le mieux pour nous, mais comme des enfants, nous ne voulons accepter que ce qui correspond à nos désirs, sans voir les bienfaits contenus dans ce que nous recevons en réalité.

Une dévote enseignante raconte l'histoire d'un de ses élèves :

« J'avais dans ma classe cette année un jeune homme qui jouait au football ; il était beau, charmant, amical avec ses condisciples, très intelligent, mais terriblement indiscipliné. Tous les jours, il entrait en cours l'air heureux et espiègle, mais dès qu'il fallait se mettre au travail, il geignait et se plaignait amèrement : « Mademoiselle, je déteste ce cours, il y a trop de travail, je ne vais pas réussir, c'est même pas la peine que j'essaie, j'y arrive pas de toute façon, vous en demandez trop. » Tous les jours, c'était la même histoire.

J'essayai la gentillesse, la dureté, la compassion, la sévérité, tout en n'oubliant jamais de lui dire : « Si, tu peux y arriver, tu verras. »

Je dois admettre cependant que toutes ses plaintes commencèrent à me peser... Mois après mois, la bataille continuait. Ses notes baissaient, et comme il n'avait pas l'autorisation de jouer au football s'il obtenait des notes plus basses que la moyenne, il revenait me voir après les cours dans l'après-midi pour que je l'aide à se rattraper. Mais le matin suivant, il recommençait à se plaindre de plus belle.

Sous le coup de la frustration, je finis par le séparer de ses camarades, et lui demandai d'aller s'asseoir dans une autre pièce pour essayer de se concentrer. Il devint encore plus coléreux et hostile mais je continuais quand même à l'envoyer s'asseoir tous les jours dans ses nouveaux quartiers. Puis finalement, un jour, Amma s'en mêla sans qu'aucun de nous deux ne s'y attende, en s'infiltrant à sa manière dans la conversation.

Ce garçon commença à faire l'imbécile, et je lui dis : « OK, il est temps que tu ailles tout seul dans le bureau. » Il se mit à pleurnicher et à se plaindre, mais je continuai : « Tu sais quel est ton *vrai* problème ? » J'avais pris un ton sérieux, et il savait que je l'étais vraiment.

Il me demanda : « Non, quel est mon *vrai* problème ? »

Je lui répondis : « Mon petit, le vrai problème c'est que tu penses que je fais ça pour te punir, alors que ce n'est pas vrai. Le vrai problème, c'est que tu ne te rends pas compte que « *c'est à ça que l'amour ressemble.* » Il s'arrêta net au milieu de la salle... On pouvait entendre une mouche voler. Je voyais les rouages de son cerveau s'activer.

Il me regarda l'air très surpris, en me disant : « C'est vrai, Mademoiselle? »

Je lui répondis : « Oui mon petit, c'est ça l'amour, et maintenant mets-toi au travail. »

Il s'installa loin de ses amis et travailla sans relâche pendant le restant de l'heure. A la fin du cours, en passant derrière lui, je lui posai la main sur la tête en lui disant : « Tu vois que tu travailles merveilleusement bien quand tu t'y mets. Tu as seulement besoin qu'on t'aide à te mettre au travail. »

Bien sûr, j'aimerais pouvoir dire qu'il ne pleurnicha plus jamais, mais ce ne serait pas vrai. Il continua à poser quelques problèmes de temps en temps, mais depuis ce jour-là, je n'avais plus qu'à capter son regard et à l'appeler par son nom, et je le voyais ensuite se souvenir des mots que j'avais prononcés : « C'est à ça que l'amour ressemble », pendant qu'il retrouvait son calme.

Et d'une manière inattendue, cette interaction fut bénéfique pour moi aussi. Maintenant, dès que je me surprends à me plaindre des circonstances que le

Divin crée dans ma vie, il me semble entendre la voix d'Amma me dire : « Tu sais quel est le vrai problème ? Le vrai problème, c'est que tu ne sais pas que *c'est à ça que l'amour ressemble* ! »

Il est parfois malaisé de garder cette vérité à l'esprit, surtout dans les moments difficiles, – mais si nous nous en remettons à la volonté divine en voyant l'amour qui s'y exprime, nous en recevrons assurément les bienfaits. Le monde extérieur ressemble parfois à un champ de bataille, mais Amma nous rappelle que les vraies batailles se livrent à l'intérieur. Nos vrais ennemis sont les émotions négatives telles que la peur, la colère, la jalousie et le manque de foi.

Comme Sri Krishna, Amma conduit le char de guerre à notre place dans toutes nos luttes. Elle attend patiemment que nous lui demandions de nous guider. Prenons l'habitude de prier et de parler au Divin, d'établir une conversation intérieure avec le vrai Soi, plutôt que d'écouter le jacassement des pensées négatives qui essaient de nous tromper. En restant bien centrés au lieu de nous laisser entraîner par les pensées et les émotions, nous purifions notre mental et nous le contrôlons mieux. Nous trouverons toujours les réponses nécessaires; elles sont là, elles attendent patiemment à l'intérieur de nous, prêtes à jaillir dès que nous leur en donnerons la chance.

Chapitre 17

Trouver son véritable dharma

« Il y a une merveilleuse loi fondamentale de la nature, qui dit que pour obtenir les trois choses auxquelles nous aspirons le plus – le bonheur, la liberté et la paix de l'esprit – il suffit de les procurer à quelqu'un d'autre. »

Peyton Conway March

Le véritable dharma est de se connaître soi-même et de servir les autres. Nous désirons tous un avenir lumineux– et ce sont nos actions présentes qui le déterminent. Nous n'avons rien d'autre que le présent, alors utilisons-le pour faire le bien, ici et maintenant. C'est aussi simple que cela. Pourquoi compliquer les choses ?

Nous sommes ici pour mener une vie honorable et agir avec bienveillance chaque fois que possible. Il est bien plus important de vivre et d'agir d'une manière dharmique que d'essayer de comprendre les changements perpétuels de nos pensées et émotions. Nous dépensons bien trop d'énergie à gérer le monde fluctuant de nos pensées et de nos sentiments. Souvenez-vous simplement que le Divin prendra toujours soin de vous et ne perdez pas de temps à vous inquiéter (la plupart des choses que nous redoutons n'arrivent jamais) ; au lieu de ne vous occuper que de vous-même, redirigez votre énergie vers les autres. C'est en s'efforçant de vivre selon ces nobles idéaux que l'on trouve la paix.

Je me souviens qu'un jour, aux Etats-Unis, Amma a demandé à un jeune enfant qui se trouvait dans notre véhicule : « Pour quelle raison es-tu né ? »

Il répondit : « Heu... Je ne sais pas. »

Amma répondit à sa place : « Pour te connaître toi-même et aider les autres. Répète ça cinq fois ! »

Il répéta : « Pour me connaître moi-même et aider les autres. Pour me connaître moi-même et aider les autres. Pour me connaître moi-même et aider les autres. Pour me connaître moi-même et aider les autres. Pour me connaître moi-même et aider les autres.»

« Ne l'oublie jamais », lui dit-elle sérieusement. Et elle lui demanda de se le répéter cinq fois par jour afin de ne jamais l'oublier.

C'est le dharma de toute vie : se connaître soi-même et aider les autres.

Nous voulons habituellement tout connaître des autres, mais il est beaucoup plus rare de chercher à se connaître *soi-même*. Nous cherchons toujours les réponses à l'extérieur, jamais à l'intérieur ; pourtant, cette quête intérieure est l'essence même du voyage de notre existence. Nous sommes ici pour savoir qui nous sommes et pourquoi nous y sommes.

Quand nous sommes auprès d'Amma, nous avons parfois le plaisir de bénéficier de son attention un moment, mais cela ne suffit pas. Pour trouver une paix intérieure durable, il faut obtenir la grâce de contrôler son mental. C'est l'exercice ultime, mais c'est aussi le plus difficile.

Un sourire d'Amma ou l'amour dont elle nous comble peuvent nous procurer une félicité temporaire, mais ce n'est pas l'objectif final. Le but est de ressentir cette félicité en permanence, ce qui implique d'aller la chercher à l'intérieur, à la source de notre être. Aujourd'hui, beaucoup de jeunes cherchent à « se trouver », mais la plupart finissent par suivre une mauvaise direction. Il faut un esprit extrêmement fort et courageux pour emprunter le chemin qui mène vers le véritable but, à la recherche du Soi, le vrai, l'éternel, celui qui ne fait qu'un avec le Divin.

Je me souviens avoir assisté un jour à un atelier sur le leadership. Les gens étaient venus nombreux, voulant tous devenir des chefs. Ils semblaient très enthousiastes, impatients d'apprendre les secrets du métier. La présentation donnée par l'intervenant n'en finissait pas. Franchement, je dois admettre que je la trouvais assez ennuyeuse. Rien dans ce qu'il disait ne m'attirait vraiment, jusqu'à ce que, pratiquement à la fin, il prononce cette phrase : « Trouvez pour quoi vous êtes doué, ce que vous faites le mieux, et utilisez ce don pour servir les autres. » En entendant cela, j'ai pensé qu'il avait valu la peine d'assister à l'intégralité de ce cours, rien que pour entendre cette phrase, qui resta ensuite gravée dans mon esprit.

Tel est notre rôle selon le dharma : découvrir quels sont nos talents et les utiliser pour servir. De nombreux êtres d'exception ont agi ainsi et c'est aussi ce qu'a fait Amma. Dans sa jeunesse, elle a constaté qu'elle avait un don pour réconforter les gens. Et c'est à cela qu'elle consacre sa vie, en accord total avec son dharma.

Les gens demandent souvent: « Amma, quel est mon dharma ? Quelle sorte de *seva*/études/travail dois-je faire ? » Le plus important n'est pourtant pas *ce* que nous faisons, mais *comment* nous le faisons. C'est l'attitude qui importe. Notre travail ne devrait pas définir qui nous sommes. Le point crucial est simplement de servir les autres, peu importe comment, en utilisant nos talents le mieux possible.

Il est facile d'obtenir la grâce du Divin, mais beaucoup plus difficile d'être réellement bienveillant. Toujours faire ce qui est juste, n'agir que par altruisme, toujours penser du bien des autres – dompter les animaux sauvages du mental – voilà une tâche monumentale. Mais ne nous laissons pas effrayer ; il ne s'agit pas de se transformer en esclave et de se sacrifier constamment pour les autres. Il est tout à fait acceptable de satisfaire d'abord ses propres besoins. Devenir un être humain authentique exige de notre part des efforts prodigieux et constants. La quête qui aboutit à la découverte intérieure de la véritable humanité est l'affaire de toute une vie.

Voici le témoignage d'un dévot :

« J'ai grandi avec deux parents alcooliques. Je ne connaissais rien d'autre que la violence, la drogue et l'alcool. J'ai commencé à boire dès le début de mon adolescence et la drogue a suivi très vite. Il n'a pas fallu longtemps avant que je boive et fume tous les soirs. J'ai continué pendant près de vingt ans. J'étais complètement perdu, miné par ma dépendance. Plusieurs fois, j'ai essayé d'arrêter, mais je n'en avais jamais la force. J'étais dévoré par l'égoïsme et par le dégoût que je m'inspirais. Les seuls moments où je me sentais en paix, c'était quand j'étais défoncé.

Et puis ma vie entière a changé quand j'ai rencontré Amma. J'ai ressenti un lien immédiat avec elle, j'ai été bouleversé par son amour. J'ai su aussitôt qu'elle attendait plus de moi que mon errance dans la drogue et l'alcool. J'ai arrêté mes deux addictions la nuit où j'ai reçu mon premier darshan et depuis, je n'ai jamais recommencé.

L'amour et l'affection qu'Amma dispense à tous m'inspirent énormément, quand je la regarde donner le darshan. C'est elle qui m'a donné envie de mettre fin à mon comportement destructeur et de consacrer mon temps à aider les autres. Au lieu de boire, je passe maintenant mes soirées à faire du bénévolat. Amma m'a montré le chemin vers le véritable amour et la paix intérieure. »

Il est extrêmement rare de trouver des personnes dont l'exemple nous inspire. Peu de gens réussissent à intégrer dans leurs vies les valeurs et les intentions les plus nobles. La paix, l'amour et la compassion doivent s'exprimer à travers nos actes ; ces valeurs ne devraient pas rester lettres mortes. Il ne suffit pas d'avoir de grands projets pour l'avenir; c'est *maintenant*, dans le présent, qu'il faut agir. Ne gâchons pas notre vie en repoussant sans cesse au lendemain les changements que nous désirons effectuer. Nous trouverons toujours des prétextes pour justifier notre inertie. Laissons tomber toutes ces excuses, ces « mais/si seulement/ça va changer, tu verras ». Amma nous rappelle que cette vie n'est pas une répétition. C'est pour de bon... ici et maintenant.

Si vous ne voulez pas gâcher votre vie, efforcez-vous d'agir selon les idéaux les plus nobles (vous savez bien qu'il le faut !). Sinon vous dépenserez rapidement toute votre énergie en occupations inutiles. Mieux vaut servir les autres, de quelque manière que ce soit. En nous en tenant à ce dessein sacré, nous accèderons à la grâce qui réside dans notre propre conscience, et à la paix intérieure à laquelle nous aspirons tous.

Il n'est pas si difficile qu'on le croit d'avoir de la compassion. Tout être humain y a accès de naissance, et c'est la grâce qu'elle génère qui nous sauvera. Amma pose une condition lorsqu'elle donne des bourses d'études gratuites dans le cadre de ses programmes d'éducation pour les enfants : après avoir fini leurs études et s'être installés, les jeunes adultes doivent rendre ce qu'ils ont reçu en parrainant à leur tour un enfant pauvre pour financer son éducation. De cette manière, Amma crée un bel effet papillon qui perpétue les bienfaits reçus. Nous avons tant reçu de la vie ! A nous d'exprimer notre gratitude en servant les autres.

Le message d'Amma est très simple en théorie : efforcez-vous d'aimer tout le monde et de servir les autres, même si vous ne pouvez faire que de petites choses. Chaque action, chaque souffle d'Amma, est dédié à ces idéaux. Quelques efforts de notre part, associés aux conseils et à la grâce d'Amma, nous mèneront vers la source de cet amour immense qui est le sien mais qui demeure aussi en chacun de nous.

Chapitre 18

Ayez un peu de foi

*« Vous n'êtes pas une goutte d'eau dans l'océan.
Vous êtes l'océan entier dans une seule goutte. »*

Rumi

Les enquêtes effectuées pour savoir qui, des athées ou des croyants, est plus heureux, montrent invariablement que ce sont ceux qui ont foi en une puissance supérieure.

Personne ne peut nous contraindre à avoir la foi. C'est à nous qu'il appartient de la développer. Si nous avons vraiment foi en Dieu ou en notre guru, rien ni personne ne pourra ébranler cette foi car la vraie foi est solide et immuable. Pour l'acquérir, il faut écouter son cœur, son esprit et son intellect, sans rien forcer, et elle naîtra en nous si nous marchons sur le chemin de l'amour.

Certains pensent : « Attention, je ne dois pas croire aveuglément qu'Amma est mon guru, il vaut mieux lui demander ce qu'il en est. » Ils vont voir Amma pendant le darshan et lui demandent : « Amma, es-tu mon guru ? » Amma est si humble et compatissante, qualités naturelles chez elle, qu'elle ne se formalise pas de cette démarche. On peut donc lui poser la question sans problème. Elle est toujours prête à descendre à notre niveau, et à répondre avec amour : « Oui, oui mon enfant, je suis ton guru. »

Amma est le plus grand maître spirituel qui ait jamais existé. C'est une évidence, et il est facile de s'en rendre compte par soi-même. Regardez-la, et vous verrez et sentirez sa puissance ; même les vibrations qui émanent d'elle sont assez puissantes pour nous démontrer qui elle est réellement. Réfléchissez à sa façon de vivre. Sans nul doute, elle peut nous conduire des ténèbres à la lumière, mais il faut coopérer et ouvrir son esprit.

Certaines personnes perçoivent automatiquement la présence divine à l'œuvre dans les grandes âmes ; elles ont les fondements spirituels nécessaires et peuvent aisément moduler leurs perceptions pour ressentir les vibrations émanant d'un maître éveillé. Cependant, la plupart des gens n'ont pas encore atteint ce niveau et ne voient en Amma qu'une femme merveilleusement douce, qui donne de superbes accolades et dirige un formidable réseau d'œuvres humanitaires. En fin de compte, ce que les gens pensent ou disent d'elle n'a absolument aucune importance pour Amma. Elle coule vers le monde comme un grand fleuve d'amour, pour nous ramener vers sa source, à condition que nous voulions bien la suivre. Ce que nous faisons de l'eau vivifiante qu'elle nous offre dépend uniquement de nous ; le fleuve, lui, se contente de couler.

Un *satguru* voit le passé, le présent et le futur. Quand Amma nous regarde, elle a accès à ces différents domaines temporels. Si nécessaire, elle peut se relier à d'autres dimensions. Cela ne signifie pas qu'elle utilise cette connaissance pour nous juger. Au contraire, elle est compréhensive et compatissante.

Nous, en revanche, sommes incapables de nous rappeler le passé ou de prédire l'avenir, incapables de rester plus de quelques secondes dans le moment présent. A cause de nos limites, nous nous demandons en la regardant : « Est-ce qu'elle me connaît vraiment ? Est-ce qu'elle sait exactement ce qui se passe ? » Oui, elle le sait. N'ayez aucun doute à ce sujet. Nombre de gens en témoignent, qui ont eu la grâce de faire l'expérience de l'omniscience d'Amma.

Pendant son adolescence, le frère d'Amma n'avait jamais essayé de fumer ou de boire. Mais un jour, un autre adolescent avec qui il passait un moment lui proposa de fumer une cigarette. Le frère d'Amma ne savait plus quoi faire ; il sentait que ce n'était pas bien de fumer et il ne voulait pas qu'Amma sache qu'il était tenté, mais l'idée d'essayer lui plaisait bien quand même. Son ami suggéra : « Rendez-vous demain, ici même, j'apporterai une cigarette pour que tu essaies. » Le lendemain matin, pendant qu'il trayait les vaches, Amma s'approcha de son frère et lui demanda : « Tu fumes ? » Il s'arrêta net, sans lui répondre. Elle continua : « Je sais que tu ne fumes pas... alors, NE COMMENCE PAS ! » Il fut choqué par l'avertissement contenu dans sa voix. Il n'avait pas encore essayé de fumer, mais il avait pourtant bien prévu de commencer un peu plus tard dans la journée. Il comprit qu'Amma l'avait rejoint ce matin-là pour l'empêcher de faire une bêtise. Après cet épisode, il prit grand soin de toujours bien se comporter et de ne jamais s'engager sur la mauvaise voie.

La plupart des membres de la famille d'Amma n'ont plus autant l'occasion de passer du temps avec elle que pendant leur enfance et leur adolescence. Il se passe parfois de longs intervalles avant qu'Amma les appelle pour leur parler, et ils en sont tristes. Le frère dont nous venons de parler se dit souvent : « C'est parce que je ne fais rien de mal qu'Amma ne m'appelle pas. Si je faisais quelque chose de mal, elle m'appellerait. » Quand il a l'intention de faire quelque chose qu'Amma désapprouverait, la règle qu'il s'est fixé est de le dire d'abord mentalement à Amma, puis d'en parler à sa femme.

Un jour, il était si frustré qu'Amma ne l'appelle pas, qu'il décida de se mettre à fumer. Conformément à sa règle, il informa d'abord mentalement Amma de son projet puis il en parla ouvertement à sa femme. Cette dernière fut surprise, mais ne commenta pas sa décision.

L'instant d'après, le téléphone sonnait. Il demanda à sa femme de répondre, mais devant son refus, il prit lui-même l'appareil. Amma était au bout du fil, et lui demandait de venir la voir dans sa chambre. Cette menace de se mettre à fumer était une menace en l'air, mais Amma l'avait aussitôt appelé.

Cette histoire ne signifie pas qu'il faut menacer de faire de mauvaises actions pour attirer l'attention d'Amma ; elle montre seulement qu'Amma nous comprend intimement et prend toujours soin de nous. Amma prie constamment pour que nous agissions correctement. Son seul désir est que nous suivions le droit chemin, celui du dharma, le chemin qui mène à l'amour.

Vous ne recevrez pas de meilleure offre au monde que celle de prendre refuge à ses pieds. Sentez-vous libre d'aller voir ailleurs, mais vous ne trouverez pas de meilleur guru dans toute la création. Amma observe silencieusement tout ce qui se passe et dispense constamment grâce, félicité et amour. Ce qu'elle nous donne va bien au-delà de notre compréhension.

La mère qui nous a donné naissance s'occupe de nous pendant un certain nombre d'années, mais Amma a promis de revenir jusqu'à la fin des temps pour nous aider à atteindre le but ultime, la libération de toute souffrance. Elle ne nous force pas à la suivre ; elle se contente de nous tenir la main pour nous guider le long du chemin. Parfois, si c'est dans notre intérêt, elle nous pousse un peu si nous hésitons. Elle nous demande aussi quelquefois d'affronter ce que nous redoutons, mais son amour est si puissant qu'il nous aide à surmonter les éventuelles difficultés.

Les expériences douloureuses créent en nous de nombreuses blessures mais l'amour est le baume le plus efficace qui soit. C'est ce remède qu'Amma nous offre. Elle est l'incarnation du Soi qui demeure en chacun de nous. Ayant déjà atteint la perfection, elle n'a plus de désirs et n'attend rien de personne, pas même l'amour ou la dévotion. En vérité, c'est nous qui avons besoin d'elle, c'est nous qui bénéficions de la foi que nous avons en elle. Son amour et ses conseils ne peuvent qu'apporter la joie dans notre vie.

Nous avons tous de merveilleuses expériences à raconter, des histoires que nous avons vécues avec Amma ; mais nous les oublions beaucoup trop vite. Nous écoutons les opinions fluctuantes de notre mental et ceux qui nous incitent à penser : « Non, Amma n'est peut-être pas un être réalisé. Elle a des préférés, et moi, elle ne me regarde même pas ; elle parle constamment à cette autre personne ! » N'importe quelle raison fait l'affaire. Amma ne se laisse pas entraîner dans nos psychodrames, même si elle nous en donne parfois l'impression en réagissant aux situations par des émotions comme la tristesse ou la colère. Intérieurement elle reste imperméable à toute émotion.

Amma est établie à jamais dans la connaissance ultime. Elle perçoit constamment le Divin dans chaque atome de cette création. La libération est un état de conscience d'un niveau supérieur au nôtre ; c'est pourquoi on dit qu'il ne faut jamais juger les maîtres éveillés, car leur conscience fonctionne différemment de la nôtre. Si nous prenons le temps d'observer Amma, la vérité devient évidente : elle est une incarnation de l'amour pur.

Il est impossible d'échapper à l'amour. Il nous faudra tôt ou tard l'accepter et devenir nous aussi des incarnations de l'amour.

Amma est une messagère de l'amour, une pure manifestation de la puissance et de l'abnégation, venue nous conduire des ténèbres à la lumière, et nous rappeler qui nous sommes en réalité.

Ce qu'Amma m'a enseigné de plus beau, c'est que l'amour est la solution à tous nos maux.

www.ingramcontent.com/pod-product-compliance
Lightning Source LLC
Chambersburg PA
CBHW061824040426
42447CB00012B/2797